COM OS *olhos* DA ALMA

© 2019 por Thiago Trindade
© iStock.com/inarik

Coordenadora editorial: Tânia Lins
Coordenador de comunicação: Marcio Lipari
Capa e projeto gráfico: Equipe Vida & Consciência
Preparação: Tânia Lins
Revisão: Equipe Vida & Consciência

1ª edição — 1ª impressão
1.000 exemplares — agosto 2019
Tiragem total: 1.000 exemplares

CIP-BRASIL — CATALOGAÇÃO NA PUBLICAÇÃO (SINDICATO NACIONAL DOS EDITORES DE LIVROS, RJ)

J58c
    Joaquim (Espírito)
        Com os olhos da alma / Thiago Trindade ; pelo espírito Joaquim. - 1. ed., reimpr. - São Paulo : Vida & Consciência, 2019.
        224 p. ; 23 cm.

    ISBN 978-85-7722-616-0

    1. Romance espírita. 2. Obras psicografadas. I. Título.

19-58463   CDD: 808.8037
                              CDU: 82-97:133.9

Todos os direitos reservados. Nenhuma parte desta edição pode ser utilizada ou reproduzida, por qualquer forma ou meio, seja ele mecânico ou eletrônico, fotocópia, gravação etc., tampouco apropriada ou estocada em sistema de banco de dados, sem a expressa autorização da editora (Lei nº 5.988, de 14/12/1973).

Este livro adota as regras do novo acordo ortográfico (2009).

Vida & Consciência Editora e Distribuidora Ltda.
Rua Agostinho Gomes, 2.312 — São Paulo — SP — Brasil
CEP 04206-001
editora@vidaeconsciencia.com.br
www.vidaeconsciencia.com.br

COM OS *olhos* DA ALMA

THIAGO TRINDADE
Romance pelo espírito Joaquim

MENSAGEM DO AUTOR

Trazida pelo amigo espiritual Joaquim, a história discorre sobre a mensagem do Cristo e de como ela foi encarada por alguns espíritos encarnados que cruzaram os passos do Nazareno há pouco mais de dois mil anos.

Inicialmente, de forma despretensiosa, a narrativa apresenta dois irmãos levitas, que desenvolvem pontos de vista diferentes sobre Jesus de Nazaré e Seus ensinamentos. É comovedora a dedicação de Jacó aos ensinamentos revolucionários do Mestre Nazareno, e percebemos quão duros nós podemos ser, tal como Alfeu, convictos de que possuímos a verdade absoluta. Na segunda parte, acompanharemos os dois irmãos, bem como os personagens que os cercam, em papéis diferentes, e no centro do então Império Romano oriental, em momentos igualmente cruciais para a Cristandade. Embora de outra etnia, nesta reencarnação, caberá a eles uma importante missão, além de enfrentarem a terrível perseguição aos cristãos.

Ao longo da obra, notamos algumas informações sobre a história, os costumes, os nomes, os elementos sagrados, a hierarquia dos hebreus daquela época e agradecemos ao espírito Joaquim pela riqueza de detalhes, enfatizando o que o nobre amigo espiritual nos trouxe a respeito dos filhos de Caifás, ou sobre a situação política e religiosa do mundo romano no século IV. Aliás, na segunda parte do romance, encontramos diversos personagens históricos que ainda hoje são comentados e homenageados por historiadores e religiosos de diversos credos.

Muitas informações históricas e culturais eram desconhecidas por mim, que realizei uma pesquisa com estudiosos dos costumes retratados nas duas eras nas quais o romance se situa, para confirmar o conteúdo trazido pelo amigo espiritual.

Este romance chega num momento interessante, em que muito se fala do Evangelho, mas pouco se realiza em nome dele, no qual se verificam pessoas que bradam serem as únicas conhecedoras da lei divina, de forma similar àquelas que condenaram o Mestre Galileu.

Convidamos o(a) leitor(a) amigo(a) a ler esta modesta história, uma das incontáveis que versam sobre fraternidade, esperança, fé, resignação e compaixão, sinônimos de Amor. Não aquele amor com letras minúsculas e meramente material, mas o sentimento sublime que nos aproxima de Deus e que foi demonstrado pelo Rabi da Galileia, quando em estada terrena neste mundo de provas e expiações.

Acompanhe esta emocionante história e seu comovente desfecho, no qual é possível constatar que ninguém foge da lei de causa e efeito e que o Amor que Jesus nos ensina é capaz de curar todas as nossas chagas morais.

Espero que gostem!

Thiago Trindade
Seropédica, 22 de julho de 2015.

UM POUCO DE HISTÓRIA

É impossível situarmos qualquer história nos tempos bíblicos do Novo Testamento sem falarmos um pouco sobre o Templo de Jerusalém, o coração do Judaísmo e palco de importantíssimas passagens da Humanidade. Houve, na verdade, três templos em épocas distintas.

O primeiro, construído sobre o Monte Moriá, pelo Rei Salomão, filho de Davi, sendo destruído por Nabucodonosor II, Rei da Babilônia.

O segundo templo foi construído sobre as ruínas do primeiro, quando os antigos israelitas regressaram do cativeiro babilônio, sendo o responsável pela construção um certo Zorobabel.

Os anos de desgastes, somados a saques de exércitos inimigos ao longo de cerca de 500 anos, fez o Rei Herodes, O Grande, assumir a obra de recuperação. E tamanho foi o empreendimento que tanto a História quanto os especialistas declararam que Herodes construiu o terceiro templo, que acabou destruído no ano 70 da era cristã, por conta da guerra entre Roma e os judeus.

Atualmente, sobre o Monte Moriá se assenta a Mesquita de Omar ou, como é mais conhecida, o Domo da Rocha, monumento magnífico ligado ao Islã.

Em torno do templo de Jerusalém, encarado como o centro religioso, comercial e político dos israelitas, era a sede do Sinédrio, sendo o Supremo Tribunal dos Judeus.

O povo israelita era baseado em sistema de classes advindas das 12 Tribos de Israel, e os sacerdotes assumiam esse título por hereditariedade, da mesma forma que os levitas. Os primeiros eram aqueles destinados a serem os intermediários entre Deus e o povo, enquanto os segundos agiam como construtores, músicos, soldados, padeiros etc. em exercício junto à vida religiosa.

O sumo sacerdote, no entanto, era escolhido, no tempo de Jesus, pelo poderio romano, e coube a Caifás o maior período de governo registrado, assumindo o comando do Sinédrio entre os anos 18 e 36 da era cristã, tendo sido nomeado pelo governador da Judeia, Valério Crato, e mantido por Pôncio Pilatos quando este assumiu o governo da província romana.

Curiosamente, conforme atestam algumas fontes, Jesus não pertencia à tribo dos sacerdotes, que era atribuída ao patriarca Levi, das quais se destacam Moisés, Samuel, João Batista e Matheus, mas sim à tribo de Judá, das quais se destaca o guerreiro Rei Davi, um dos ancestrais do Mestre Nazareno.

Na segunda parte, o romance situa-se em duas regiões do Império Romano. Iniciando nas terras da Bitínia, na atual Turquia, conhecemos um pouco da antiga Nicomédia, capital imperial.

Encontramos nas linhas psicografadas alguns personagens como Diocleciano, Galério, Dióscoro, Bárbara, dentre outros, e seus dramas que culminaram na grande perseguição dos cristãos. Também chamada de perseguição de Diocleciano, que foi a maior e derradeira caça aos cristãos no Império Romano, iniciou em 303 d.C. e se arrastou até 311 d.C.

A perseguição aos cristãos culminou com a ascensão de Constantino que, após vencer a guerra civil, encerrou definitivamente a proscrição aos seguidores dos ensinamentos de Jesus. Foi esse imperador quem alçou o cristianismo à religião do império, convertendo-se a essa fé no fim de sua vida. Sua mãe, Helena, também realizou muitas conquistas para o cristianismo, erguendo grandes obras e realizando descobertas arqueológicas, como a Santa Cruz, que a alçou à condição de santa das igrejas Católica, Ortodoxa, Anglicana, sendo muito respeitada pela Igreja Luterana.

Na cidade de Niceia, também na Bitínia, por determinação de Constantino I ocorreu o Primeiro Concílio de Niceia, sendo uma congregação de bispos cristãos, em 325. Organizado com bases no senado romano, Constantino o presidiu, porém, sem votar em qualquer questão. Esse Concílio foi a primeira tentativa — de várias — de padronizar o pensamento da igreja e reforçar sua presença em todo o império. Acredita-se que o Papa Silvestre I não participou desse evento por conta da idade avançada, enviando um sacerdote, Ósio de Córdoba, como legado papal que, provavelmente, teve papel decisivo nos principais temas do congresso.

Os principais temas do Concílio de Niceia foram a natureza divina de Jesus, a elaboração primitiva do credo niceno, a fixação da data da Páscoa cristã e a promulgação da lei canônica.

Os cristãos que divergiam, sobretudo, na questão acerca da natureza do Cristo (que afirmava que Jesus era da mesma substância de Deus e não um ser criado por Ele), foram banidos para a Ilíria (hoje diversos países dos balcãs: Sérvia, Montenegro, Albânia, Kosovo, Bósnia e Herzegovina e Croácia). Nesse grupo de opositores, que chamamos hoje de Santíssima Trindade, encontrava-se um presbítero de origem líbia chamado Ário, que retornou ao cenário político-religioso anos depois do exílio, com novos seguidores, que fizeram sobreviver seus ensinamentos pelos séculos seguintes.

CAPÍTULO 1

Jacó corria pelas estreitas ruas de Jerusalém. A poeira se mesclava ao seu suor, e as lágrimas amargas queimavam seus olhos negros. Parou diante de uma velha porta de madeira escura e bateu nela com a forte mão direita inúmeras vezes, estremecendo-a e dando a impressão que se transformaria em pó.

— Calma! — ouviu-se uma voz de mulher, firme e sonora. — Estou chegando!

Rute abriu a porta e deparou com o jovem cunhado, trêmulo. A brandura e o porte altivo da mulher imprimiram, como sempre, alguma serenidade ao rapaz, que se permitiu resfolegar. Com meio sorriso, a bondosa esposa de Alfeu, o guarda do templo, indicou ao jovem que adentrasse a humilde moradia.

— Seu irmão está no templo — disse Rute, oferecendo-lhe um copo com leite de cabra. — Ele não iria hoje, mas está a serviço desde ontem.

— Não sabe o que aconteceu? — indagou Jacó, sorvendo o leite rapidamente. — Prenderam Jesus de Nazaré!

— Esse Jesus não é aquele que entrou na cidade sob aplausos? — volveu a mulher arqueando as sobrancelhas negras. — Esse galileu chegou aqui com os ramos deitando-se a seus pés! Que crime ele cometeu?

— O crime de falar contra o Sinédrio — respondeu o jovem balançando a cabeça. — Dizem nas ruas que Jesus foi preso no Jardim das Oliveiras, e seus seguidores estão escondidos.

Jacó, então, sentou-se no banco que havia na sala, enquanto o pequeno Jeremias, de três anos, entrava pela cozinha indo direto para os braços do tio.

— Jesus apenas curava as pessoas. Dava esperança a elas! E o prenderam sob a alegação de tentar sublevar a Judeia contra Roma e o Sinédrio!

— Você quer que Alfeu tire Jesus da cadeia? — perguntou Rute, ficando pálida.

Jacó baixou os olhos e fitou o pequeno Jeremias, que herdara o nome do avô, antigo soldado da guarda do templo. O jovem sabia que o irmão, há muito tempo, tencionava um dia ser comandante da guarda, e a lealdade dele para com o Sinédrio o levara à alcunha de "O Fiel". Certamente, Alfeu participara da prisão de Jesus, concluíra Jacó.

O desespero do rapaz diante daquela notícia o fez correr para a casa do irmão sem pensar que jamais iria convencê-lo de qualquer coisa que o fizesse interceder em favor daquele que, dias antes, entrara como um rei na cidade de Davi e Salomão.

Beijando a testa do pequeno Jeremias, Jacó pôs-se de pé. Vira Jesus pregando duas vezes. A primeira, no ano anterior, nos arredores de Betânia; e a segunda, dias atrás, dissertando sobre as aventuranças. Não via nele nenhum homem que incitava a violência ou a rebelião. Pelo contrário, o pobre profeta galileu falava de submissão aos poderes do mundo e de fé. Uma fé que poderia mover montanhas.

— Vou procurar Alfeu — sentenciou o jovem. — Jesus é inocente, e meu irmão me escutará.

— Alfeu te ama, Jacó — retrucou Rute. — Ele espera que ainda este ano você se junte à guarda do templo e se case com Maria, conforme também é o desejo do pai de vocês. Mas ele não vai soltar Jesus, mesmo que quisesse.

Jacó, no entanto, estava irredutível. Contava ainda 17 anos, e toda a energia que sua juventude conferia explodia em determinação em ajudar ao misterioso profeta da Galileia. Amava seu irmão e estava certo de que a forte afeição mútua iria afrouxar o laço que prendia o homem de Nazaré.

Com passos largos e ágeis, o jovem ganhou as ruas em direção ao templo, onde o irmão servia há sete anos. O rapaz sabia que Jesus fora levado para a terrível cadeia administrada pelos romanos, mas não ousava chegar lá sozinho, pois nem sequer seria recebido. Com Alfeu era diferente, já que o hebreu era respeitado dentre os ferozes soldados romanos por conta de sua seriedade e de seu comprometimento com a ordem social.

Diante do templo, Jacó estacou. A construção imponente levava todo hebreu à reflexão sobre o poder divino. Um fio de suor frio percorreu seu rosto determinado. Subitamente, avistou o velho soldado Daniel caminhando à sombra do muro. Em pouco tempo, sabia o jovem, o veterano não poderia mais exercer seu ofício, mas ainda assim o velho soldado caminhava ereto e orgulhoso de seu dever.

— Jovem filho de Jeremias! — exclamou o velho cheio de ternura, pois embora fosse habitualmente severo, era brando e doce com Jacó, que vira nascer e vivia agarrado aos seus joelhos, sempre ávido por histórias do guerreiro Rei Davi. — Tem muito tempo que não o vejo por aqui. Veio, por acaso, ouvir a sabedoria de Nicodemos, ou quem sabe de Malaquias?

— Não, meu tio — respondeu Jacó, com súbita timidez — procuro por meu irmão.

— Então veio parabenizá-lo pela prisão de Jesus? — indagou Daniel, meneando a cabeça grisalha, e seus longos dedos nodosos da mão esquerda alisaram sua barba esbranquiçada, enquanto a mão direita jazia firme na lança de fio mortalmente aguçado.

— Eu apenas quero falar com meu irmão — insistiu o rapaz. — Ele está nos alojamentos?

— Deve estar com Anás, bebericando algum vinho fino — resmungou Daniel olhando para o solo poeirento. — Seu irmão subiu muitos degraus ontem, meu sobrinho, mas a que preço?

— Do que está falando, tio? — Jacó estava angustiado. — O que meu irmão fez?

— Prendeu um inocente a meu ver. — Daniel estava na entrada principal do templo e não se sentia intimidado por isso. — O que Jesus fez? Pôs para fora uns ladrões que assaltavam aqui neste pátio de Deus. Há anos, eu sonhava fazer aquilo! E as palavras dele?! Meu filho José disse serem abençoadas! Um profeta melhor do que João Batista, disse meu rapaz.

Jacó sabia das ideias fora dos padrões do velho Daniel, que era franco simpatizante de João Batista, mas não sabia que o soldado aprovava algumas atitudes de Jesus. Um sorriso brotou nos lábios do jovem irmão de Alfeu, que apertou a mão do homem que era um grande amigo de seu pai.

— O senhor pode me ajudar, então? — Jacó estava confiante. — Quero tirar Jesus da cadeia!

Os olhos de Daniel se arregalaram. Pela primeira vez, o guarda olhou para os lados e um sepulcral suspiro pareceu esvaziar o homem que estava prestes a se retirar do serviço da guarda.

— Nem Moisés soltaria Jesus, filho — suspirou Daniel. — Caifás quer a morte do homem da Galileia de qualquer jeito. Mas não será hoje, nem amanhã. O sumo sacerdote precisa dos romanos para acabar de vez com a ameaça do profeta que expulsou os vendedores do templo.

Jacó sabia que um judeu não poderia matar outro, ainda mais na Páscoa. Um amargor surgiu na boca ressequida do jovem. Percebendo que Daniel se conformara com o destino do bondoso profeta, da mesma forma como fizera com João Batista, Jacó fitou o pátio do templo. Em uma muda indagação, Jacó quis saber de seu irmão. Com o olhar, Daniel indicou o caminho.

Subindo algumas escadas, Jacó cumprimentou os homens que costumava ver no templo, nunca rezando, mas sempre com olhares argutos sobre quem passava por aqueles muros. Encontrou Alfeu em uma pequena sala, com dois outros soldados. O irmão parecia absorto em seus pensamentos, enquanto os outros dois confabulavam em tom baixo.

— Mas eu vi — balbuciava o próprio comandante segurando a cabeça com as mãos. — Eu senti o corte e o sangue!

— Foi uma ilusão, Malco — volveu o outro, com um copo de vinho nas mãos. — Uma manipulação daquele charlatão e de seus auxiliares.

— Eles foram pegos de surpresa! — insistiu Malco, com as mãos cobrindo as orelhas. — Não dizem que Jesus curava as pessoas?

— Basta! — irrompeu Alfeu, fazendo os dois homens ficarem de pé. — Não quero ouvir nada disso! Se algum sacerdote ouve a conversa de vocês, é bem provável que fiquem a ferros! — cerrando os fortes punhos, o homem viu o irmão à porta. — Não quero falações sobre esse Jesus. O destino dele está selado. Não importa o que ele fez ou não. Voltem aos seus afazeres!

— Você não é comandante — rosnou Malco, desafiador. — Não é porque amarrou Jesus, que tem alguma autoridade sobre nós! Eu sou seu superior!

— Ainda não sou o líder — disse Alfeu, que era uma cabeça mais alto do que o robusto Malco — mas serei. Não me esqueço de quem me desafia.

Engolindo em seco, Malco baixou o semblante, e seu companheiro o puxou para longe dali.

Jacó não cumprimentou os soldados, pois seus olhos estavam fixos no rosto orgulhoso do irmão. Alfeu sinalizou para que o irmão caçula entrasse e ofereceu uma caneca do bom vinho servido no templo de Herodes.

— Aconteceu algo com Jeremias ou com Rute? — indagou o vigoroso soldado.

— Não — respondeu secamente o outro. — Vim aqui para falar de Jesus.

Alfeu fitou silenciosamente Jacó. Amava-o profundamente. O soldado desejava ardentemente que seu irmão entrasse para as fileiras da guarda do templo, mas via nele algo que talvez não o qualificasse para o uso das armas sagradas. No entanto, naquela hora, Alfeu percebeu que algo queimava dentro do jovem e um súbito temor tocou seu coração.

— Jesus está preso — disse Alfeu, sem esboçar nenhuma emoção.

— Por que o Sinédrio quer Jesus preso? — perguntou o jovem.

— Só me importa obedecer aos representantes de Deus — sentenciou Alfeu, tentando encerrar a questão.

— O galileu é inocente, você sabe disso — insistiu Jacó. — Ele fez o que deveríamos ter feito, expulsando os vendedores.

— Não repita isso! — Alfeu deu um largo passo, ficando a centímetros de seu irmão. — Volte para casa agora. — O soldado pôs suas mãos fortes sobre os ombros do outro e apertou levemente. — Jesus, pelo que sei, falava bonito. Inspirava. Mas não inspirou muito seus seguidores, que o abandonaram. As palavras desse galileu o levaram para a condenação. Se ele fosse um profeta de verdade, Deus não pediria a seus representantes para prendê-lo.

O argumento de Alfeu parecia lógico. Jacó baixou os olhos. Certamente, percebeu o jovem, o irmão mais velho sabia dos ensinamentos do estranho nazareno e de sua mensagem.

— Eu queria que esse profetinha fosse o Messias — sussurrou Alfeu. — São tantas as pessoas que dizem terem sido curadas por ele, que faz a gente pensar. Eu quase fraquejei quando vi o forte e feroz seguidor do profeta cortar a orelha de Malco. O estranho homem, diante de nossos olhos, curou a orelha ferida do comandante! — a voz do poderoso soldado embargou. — Mas, então, o que Jesus disse ao seu leal seguidor? Sabe o que ele disse ao homem chamado Simão? Quem fere pela espada, morre pela espada! — o soldado balançou a cabeça. — Que libertador é esse? Não, Jacó, Jesus não é o Messias e terá de pagar por fazer as pessoas acharem que ele o é!

— Irmão, e se o Messias não for o guerreiro que esperamos? — volveu Jacó sentindo súbita emoção.

— Se o Messias não nos libertar do jugo romano e não nos fizer vencer nossos inimigos — rosnou Alfeu apertando violentamente os ombros do irmão — então, nosso povo merece ser jogado no fogo! Agora saia! Já me aborreceu por hoje, criança!

Jacó, diante de Alfeu, perdeu a esperança. Fitando o chão, virou as costas e saiu.

Antes, porém, que o rapaz cruzasse o umbral, Alfeu levantou a voz:

— A sorte do profetinha ainda não acabou. Meu amigo romano disse que Pilatos quer resolver a questão de Jesus o quanto antes. Daqui a pouco, ouviremos esse nazareno! Se ele for mesmo o Messias, irmão, ele sairá andando pela porta da frente.

Jacó soube que Jesus de Nazaré tinha uma chance, pois, segundo a tradição da Páscoa, um criminoso poderia ser salvo pelo povo.

E o povo sabia da inocência de Jesus.

CAPÍTULO 2

Horror. Não havia outra palavra para descrever o sentimento que avassalava o espírito de Jacó. Com esperança, viu Jesus, ferido, ser posto em um palanque na pretoria. Ao lado dele estava o criminoso Barrabás, que olhava atônito seu companheiro de infortúnio. Mais ao longe, à sombra, o poderoso Pôncio Pilatos, que observava a tudo com seu olhar lupino. Um meio sorriso estava em seu rosto duro. Era notório que o governador romano queria a morte do bandoleiro Barrabás e, certamente, fora proposital Jesus ter sido colocado ao lado de um homem infame para ser libertado pelo voto popular.

Jacó, naquela hora, ficou com o coração repleto de esperança. Simpatizou até mesmo com o cruel Pilatos. Porém, quando os nomes dos prisioneiros foram levados para votação por aclamação popular, sua voz embargou e perdeu a força. Aturdido, o rapaz ouviu o nome de Barrabás ser aclamado cada vez mais.

Os olhos de Jacó buscaram a face suja e serena de Jesus. O homem de Nazaré, cujo nome era envolto em um turbilhão de emoções e narrativas fantásticas, apenas emudeceu. Parecia conhecer o desfecho daquele infame espetáculo. Jacó tentou se aproximar de Jesus enfrentando a turba que clamava ferozmente por Barrabás, mas pouco conseguiu avançar. Os olhos de Jesus se encontraram com os de Jacó. Jamais o jovem sentira aquela estranha vibração que tomava seu espírito desesperado. Como que impulsionado, o rapaz foi se afastando da pretoria, enquanto Pilatos, contrariado, proferia a sentença de acordo com a escolha do povo.

Jacó caminhou a esmo pelas ruas de Jerusalém. Passava pelas pessoas que iam e vinham apressadas para assistir ao espetáculo que ganhava a cidade. Homens, mulheres e crianças se acotovelavam para observarem os condenados a uma das formas mais terríveis de suplício que se tinha notícia: a morte na cruz. Jacó, enojado, sentou-se sobre um velho muro que fora convertido em ruínas. Ao longe, se ouvia o estalar do chicote romano e a algazarra do populacho. O jovem sabia que os líderes fariseus estavam lá para ter certeza de que sua influência permaneceria e o rebelde seria aniquilado.

Sentindo-se fraco e impotente, o rapaz fitou o céu. Seus pensamentos buscavam entender a razão daquilo. Se Jesus fosse realmente um bom homem, tão bom a ponto de curar pessoas e de proferir palavras que alimentavam o espírito de quem o ouvisse, como Deus permitira aquela violência? Lágrimas amargas surgiram nos olhos de Jacó que, repentinamente, se lembrou da serenidade do semblante ferido de Jesus de Nazaré.

O dia avançava para o crepúsculo quando Jacó levantou-se da pilha de pedras. Sentia-se sujo e algo dentro dele o chamava de traidor. De punhos cerrados, tomou o caminho pelo qual os condenados haviam passado e que agora estava deserto, pois, àquela hora, os que iriam morrer já estavam no tenebroso Monte da Caveira, pendurados nos altos postes.

Jacó caminhava a passos lentos quando viu um homem, com muitos fios grisalhos em sua barba, sendo amparado por dois moços. O senhor trazia as mãos sujas e percebiam-se vestígios de sangue em suas vestes. O olhar aturdido do estranho homem estava perdido no vazio.

— O que aquele homem fez? — balbuciava o pobre coitado amparado pelos dois jovens. — O que aquele homem fez?

Solícito, Jacó aproximou-se para amparar o estranho, que permitia que as lágrimas rolassem em seu rosto marcado. O enigmático senhor fitou a face do rapaz e sua boca se abriu.

— O que lhe aconteceu? — indagou Jacó, com presteza.

— Nosso pai, por ordem de um centurião — disse o rapaz mais velho — ajudou um dos condenados a sustentar a trave que carregava. Desde então, ele está assim.

— Vocês não podem entender — disse o homem alisando os cabelos escuros. — Vocês não viram os olhos dele!

— Olhos tão luminosos e serenos diante do terror, que tudo desmorona diante daquela luz. — sentenciou Jacó, com palavras que vinham de dentro dele e que não podia compreender.

O estranho balançou a cabeça em muda concordância. Ele e Jacó se abraçaram diante dos outros dois, e um grito de angústia ecoou naquele canto da velha Jerusalém quando, naquele exato momento, uma fria lança era cravada no peito dilacerado de Jesus de Nazaré.

Em silêncio, Jacó se despediu do pequeno grupo e regressou à sua casa, não longe da morada do irmão mais velho.

Ester, a mãe do rapaz, estava sentada à mesa, enquanto Jeremias, seu pai, caminhava com dificuldade pela cozinha. O antigo soldado, portador de inúmeras cicatrizes em seu corpo magro, vislumbrou a face de seu filho mais novo e nada disse, foi beber a caneca de vinho no cômodo de dormir.

— Você acompanhou as crucificações hoje? — perguntou Ester, que mantinha os olhos fixos no tecido que costurava. — Deve estar com fome.

— Não estou com fome, minha mãe — respondeu o rapaz. — Quero apenas dormir.

— Sabemos que foi ao templo para falar com Alfeu a respeito desse farsante de Nazaré — volveu a anciã, trespassando a agulha habilmente no tecido que iria ser um cueiro para o pequeno Jeremias.

— Fui. — Jacó não queria entrar em uma conversa naquele momento, mas a autoridade maternal o impedia de mover-se. — Jesus era inocente.

— Se era, de fato, o Messias — prosseguiu Ester, que dava vazão aos pensamentos do esposo — por que Deus não o salvou da prisão e lhe deu uma espada de fogo nas mãos?

Jacó se perguntara aquilo por horas, sentado na pilha de pedras. Não encontrara uma resposta coerente. Baixando a cabeça, o jovem pediu permissão para ir para seu pequeno quarto. Comeria mais tarde.

***

Naquela noite, ventos sobraram na velha Jerusalém. O moço sabia que muita gente comemorava a morte do turbulento Jesus. Mas também sabia que Barrabás era caçado. Pegou-se perguntando onde estaria Alfeu, O Fiel, naquela hora fria da madrugada.

Jacó estava sentado em sua cama quando o vulto do pai surgiu à porta.

Os olhos do velho Jeremias estavam fixos no rosto de Jacó. O rapaz sentia a força do velho soldado, que muitas batalhas travara em honra do templo erguido por Herodes, O Grande.

— Por que Deus não salvou Jesus se ele era o Messias? — indagou o velho, com sua profunda voz rouquenha.

— Me parece loucura, pai — falou Jacó com firmeza — mas talvez o profeta da Galileia quisesse aquilo. Ele queria ser crucificado!

— Por que ele iria querer morrer? — volveu Jeremias ainda imóvel. — Quem não dá valor à própria vida?

— Não sei — balbuciou o moço.

— Eu vi esse Jesus quando fui visitar sua irmã — prosseguiu Jeremias após inspirar o ar seco da cidade — em Jericó. Na ocasião, esse profeta, eu bem vi, dizia procurar Zaqueu, o publicano. Quando o encontrou, para espanto do homem, Jesus disse que iria comer em sua casa. Dizem que imediatamente o maior publicano da Judeia pôs-se aos pés desse estranho nazareno!

As mãos nodosas de Jeremias alisaram o tecido que servia de porta do quarto do filho.

— Jesus não incitaria o povo contra Roma. Logo, ele não era o Messias. — As palavras do velho eram entrecortadas por uma pesada respiração. — Mas, ainda assim, era um homem bom, tocado por Deus para nos dar esperança. Não merecia ser morto daquele jeito.

— Pai, não sei o que dizer — disse Jacó — nem sei expressar o que sinto. Encontrei um homem que ajudou Jesus no caminho até o Gólgota. Ele também estava impactado pelo olhar sereno do profeta!

— Sei o que quer dizer — retrucou o ancião cofiando sua barba grisalha — mas ele morreu, e é só. Que esse Jesus seja o arauto de nosso Messias!

— Pai, Alfeu... — balbuciou o jovem.

— Alfeu fez o dever dele! — interrompeu Jeremias com a antiga força e autoridade que ainda possuía. — Eu, no lugar dele, teria feito o mesmo. Vejo em seus olhos que está magoado com seu irmão, mas deve respeito a ele. Quando entrar para a guarda, ele será seu superior.

— Não quero entrar para a guarda do templo — proferiu Jacó, erguendo-se. — Não depois de hoje!

Jeremias fitou seu filho mais jovem. Via nele muita força e uma estranha vibração. O velho percebeu que Jacó não vestiria os trajes orgulhosos da guarda do templo, nem mesmo serviria em outros setores funcionais da casa do Senhor. Não seria um servidor de Deus como seus antepassados que alcançaram os dias de Moisés. Uma pontada de tristeza tocou o coração do idoso.

— O que vai fazer? — indagou Jeremias, esforçando-se para a voz não fraquejar.

— Não sei, meu pai — retrucou o jovem.

— Irá, então, para Jericó ficar com sua irmã por um tempo — disse o velho. — Isaque gosta de você e vai lhe dar trabalho na loja, e Isabel vai ficar contente com a presença do irmão caçula. Falarei com Rubem para esperar mais um pouco para seu casamento com Maria. — Jeremias, então, grunhiu: — o velho cantor do templo vai reclamar, mas cederá. Ah, se vai!

Jacó sorriu e abraçou o velho pai, que depois de deixar as armas se tornara mais dócil e compreensivo, preferia observar as crianças a se reunir com outros anciões para ficar lamentando a juventude perdida. Concordaram que o moço partiria na manhã seguinte, após se despedir da mãe.

23

CAPÍTULO 3

Antes da alvorada, Jacó já estava com seus pertences — poucos — arrumados. Levaria uma carta de Jeremias, que seria entregue nas mãos de Isaque.

Despedindo-se de Ester, sua adorada mãe, o jovem tomou as ruas, ainda frias, e logo se viu caminhando fora dos muros de Jerusalém. Iria sozinho, o que era perigoso, mas seu porte altivo e seu maciço cajado eram guaridas seguras, além de contar com sua atenção extrema, evitando andar exposto ou descuidadamente.

Quando, por fim, chegou à cidade de Jericó, famosa pelo cerco que sofreu muitos anos atrás, Jacó seguiu para o comércio de seu cunhado, o respeitável Isaque. Estava coberto de poeira e cansado, mas o olhar penetrante do rapaz não esmorecera nem um único segundo. Encontrou o robusto comerciante tratando na porta da loja com dois soldados romanos e, em silêncio, aguardou.

Isaque tinha o olhar duro, palavras ágeis e pulso firme na lida dos negócios que herdara do pai, mas, entre os seus, era generoso e risonho. Seu terceiro filho nascera no início do ano, e contavam que ele presenteou a vizinhança com um bom vinho em comemoração à chegada do pequeno Samuel.

Quando, por fim, Isaque se viu livre dos inoportunos romanos, seus olhos se iluminaram quando perceberam o jovem Jacó esperando em um canto, à sombra.

— Menino Jacó — riu Isaque, abrindo os braços fortes — bons ventos o trouxeram!

Os parentes se abraçaram satisfeitos, pois genuína afeição havia entre eles. Na verdade, a amizade de ambos começara quando Isaque e Isabel se encontravam às escondidas, e o pequeno Jacó entregava a correspondência dos apaixonados.

Lendo a carta de Jeremias, Isaque, ainda no meio da rua, franziu o cenho. Parecia que o comerciante mastigava alguma coisa entre os dentes.

— Jesus foi crucificado... — balbuciou Isaque com a voz trêmula. — O que foi que ele fez além de alimentar a gente de Israel?

Pondo as mãos grandes sobre os ombros de Jacó, o comerciante suspirou. Puxando o jovem para dentro da loja de tecidos, Isaque mandou o filho primogênito, chamado Jesus, avisar a Isabel que o irmão dela iria passar uns dias na casa deles, que ficava no andar de cima.

— Você não quer ser um soldado, não é? — disse Isaque, oferecendo uma caneca de água ao cunhado, sobre o balcão da loja — vai quebrar a tradição da família.

— Como eu trabalharia no templo depois de ver que lá não há justiça? — volveu Jacó.

— Que Deus não se aborreça com suas palavras, Jacó — disse Isaque.

— Mas é verdade — resmungou o moço. — Os sacerdotes não fazem justiça. Em cada canto daquele lugar, que era para ser de Deus, está cheio de maldade.

— Muitos desejam caminhar diariamente sobre as pedras postas por Herodes — prosseguiu o comerciante. — Matariam até.

Os dois homens ficaram em silêncio por alguns momentos. Isaque alisou a barba negra, com alguns riscos prateados.

— Eu conheci Jesus — proferiu o comerciante. — Era um homem bom. Eu não via nele um Messias, conforme as escrituras, mas também não era um profeta comum. Isabel dizia que ele era maior do que Elias! — engolindo o ar seco que cobria tudo com poeira, o homem continuou: — Jesus de Nazaré era diferente. Especial!

— E agora — interrompeu Jacó — está morto!

— Não — disse Isaque com um estremecimento. — Ainda não. Amanhã é domingo.

— E? — volveu o outro.

— Veremos — sentenciou o comerciante, se lembrando de uma antiga profecia que ouvira anos atrás.

Subiram as escadas, e Isabel, bem mais redonda do que a última vez que Jacó a vira, aguardava com o pequeno Samuel nos braços. A pequena Sara, com quatro anos, estava agarrada à saia da mulher.

Os irmãos se abraçaram comovidos, e Isaque informou a esposa a razão de Jacó vir até eles. Com lágrimas nos olhos, Isabel ouviu o que fizeram com o galileu que trouxera tanta consolação aos desvalidos.

— Onde estavam os inúmeros companheiros de Jesus? — indagou ela, alisando a cabecinha do risonho Samuel.

— Abandonaram-no — respondeu Jacó, num sussurro. — Deixaram Jesus sozinho.

— Você faria diferente? — perguntou Isaque, com um semblante mais sombrio. — Lutaria pelo profeta contra um grupo de soldados treinados?

— Sim — disse Jacó com firmeza.

— Ouça, cunhado — Isaque parecia distante, recordando de algo há muito conhecido —, conheci Jesus. Falei com ele há muito tempo. Eu fui a Cafarnaum para tratar de negócios. Viajei com ele e alguns dos seus companheiros — os olhos do comerciante marejaram, mas nenhuma lágrima rolou. — Vi coisas inacreditáveis e ouvi palavras que soavam como mel, ou melhor, me alimentaram tal como o maná que desceu ao nosso povo nos tempos do grande Moisés! Por isso, lhe digo, irmão de meu coração, Jesus iria preferir que seus companheiros não lutassem.

— Por que não o seguiu? — perguntou o rapaz.

— Não senti o chamado — disse Isaque — não o chamado que abalou o espírito daqueles companheiros do nazareno. Por isso, repito, aguardemos o domingo.

— Pelo quê? — falou Isabel.

— Viveram sob a sombra do templo, mas pouco sabem das palavras dos profetas — argumentou, suspirando, o comerciante. — Quem viver verá. É só o que digo.

Jacó percebeu que o cunhado não mais falaria, e Isabel pôs o pequeno Samuel em seus braços desajeitados. O rapaz sentia-se bem na casa do cunhado e logo, já limpo da viagem e alimentado, brincava com as crianças no salão sob os olhos do casal.

Ao anoitecer, no pequeno quarto das crianças, Jacó deitou-se e fitou o teto escuro da humilde mas feliz casa de Isaque. Ouvia o ressonar de Jesus e Sara, absortos em seus sonhos infantis. Em seus ouvidos, a voz do estranho nazareno parecia reverberar: "Bem-aventurados os que choram, porque serão consolados".

CAPÍTULO 4

Alfeu estava no templo à glória de seu povo, reedificado por Herodes, O Grande. Suas paredes altaneiras demonstravam o orgulho da raça de Moisés, e não parecia que Roma governava aquela terra antiga e marcada. Não dentro das dependências do coração do modo de vida judaico.

O soldado levita e outros companheiros, dentre eles o velho Daniel, aguardavam em uma sala com bancos e belas almofadas, o que não era comum. Sabiam apenas que deviam aguardar ali. O chefe, Malco, também estava presente, visivelmente ansioso. A orelha dele fora cortada por um dos homens que acompanhavam Jesus, e, estranhamente, fora curada pelo profeta.

Um fariseu, com sua roupa cerimonial, surgiu das sombras. Era o próprio Caifás, o sumo sacerdote, seguido por Anás, seu sogro. Os dois poderosos fixaram os duros olhos sobre os soldados, que fizeram uma profunda reverência a eles.

— Menos um blasfemador — disse Caifás por fim. — Vocês, em nome de Deus, agiram bem. Que esse galileu seja esquecido! Não quero ouvir falar dele — após verificar a concordância de seus subordinados, o sacerdote se aproximou de Alfeu e seus companheiros: — mas devemos estar atentos aos seguidores desse farsante! Conto com vocês para isso!

Os homens assentiram. Sorrindo satisfeito, Caifás se voltou para o sogro. O ancião se demorava fitando Daniel, que mantinha seu olhar impassível.

— Soube que o fim do blasfemador o desagradou — disse Anás, com voz sepulcral.

Daniel manteve-se em silêncio, pois nada lhe fora indagado. Seu olhar no vazio demonstrava que não desafiaria o sacerdote. O veterano apenas silenciou.

— Diga, Daniel, filho de Jonatas, achou ruim a morte do blasfemador? — Indagou, finalmente, o feroz Anás.

— Não acho nada a esse respeito, senhor — disse Daniel com firmeza, pois conhecia, há muito, o fel que habitava no coração do antigo sumo sacerdote. — Deus julga nossos corações.

— Você sempre foi impertinente — volveu o sogro de Caifás —, mas o suportei, pois é irmão de Judas, a quem devi minha vida, na juventude. Mas agora não mais! Parta daqui. Está dispensado do serviço!

Daniel fez uma última saudação aos sacerdotes e então se retirou, sem olhar para trás uma única vez. Os soldados se entreolharam, menos Alfeu, cujo olhar fixo na parede denotava inteira atenção ao acontecimento.

— Nosso templo sagrado não pode ser conspurcado por dúvidas a respeito de quem é o verdadeiro fiel de Deus — disse Anás, rouquenho. — Blasfemadores se vestem de falsos profetas e incidem sobre nós! Quem der ouvido a esses tratantes, será posto para fora. E, se continuar, será preso por traição!

Dispensando os guardas, Caifás observou cada um deles. Quando Alfeu se dirigiu à porta, no entanto, as mãos finas do sumo sacerdote tocaram seu ombro.

— A você confio uma missão, filho do leal Jeremias — disse o sacerdote —, que vigie sem cessar. Nosso povo corre perigo nas mãos dos romanos, e Deus pode ter reservado para você desígnios maiores do que compreende.

— Sou devoto a Deus — retrucou, submisso, o guarda.

— Provou isso no Jardim das Oliveiras, bem sei — concordou o velho Anás, surgindo por detrás de Alfeu — quando manteve a calma e apontou a espada para Jesus, enquanto os outros se apavoraram com o seguidor do blasfemador, que feriu um dos nossos. Mais à frente, terá de provar novamente seu valor, se os seguidores do galileu não se aquietarem.

Alfeu engoliu em seco. Sentia que um grande peso foi posto em seus ombros. Uma súbita chama tocou seu coração. Ser cercado pelos poderosos do templo fazia brotar nele, naquele instante, uma tenebrosa vaidade.

— Eu quero que ponha vigias na tumba onde José de Arimateia pôs o corpo do blasfemador — ordenou Caifás. — Temo que roubem o corpo e usem isso para nos enfraquecer.

— E quanto a Nicodemos? Esse ingrato há de pagar caro por sua traição! — vociferou Anás, sendo silenciado pelo olhar duro do genro.

— Nicodemos ficará para depois, sogro — prosseguiu o sumo sacerdote se voltando para Alfeu —, temos que fechar o cerco. Se houver alguma intromissão no túmulo, não hesite em valer-se de sua lâmina e a de seus comandados.

— Meus comandados? — repetiu o filho de Jeremias.

— Sim, comandante da guarda — sorriu Caifás. — Sim! Seu pagamento é esse. Forças se movimentam para salvar os filhos de Deus das mãos do jugo romano. Mas primeiro, temos que acabar com os vestígios desse falso Messias. Agora vá! Já mandei guardas para vigiar a sepultura de José de Arimateia, e até romanos estão por lá, pois alertei Pilatos sobre isso.

A passos largos, Alfeu atravessou os corredores do templo. Seu coração batia descompassadamente. Seu futuro glorioso se despontava diante de seus olhos. Via seu povo liberto, escorraçando Roma para longe, estando à direita do verdadeiro Messias, cuja espada de fogo aquecia seu corpo agitado. Vingaria, ao lado do Messias, todas as vítimas dos romanos e, em sua loucura, via-se como um príncipe de Deus. Ao chegar à entrada do templo, Jonas, um dos jovens guardas, parou diante do soldado.

— Descobriram o corpo de Judas Iscariotes enforcado — disse o rapaz que tinha a mesma idade de Jacó.

— Quem? — indagou Alfeu, saindo bruscamente de seus delírios.

— O homem que entregou o blasfemador Jesus — respondeu o outro.

— Que apodreça no inferno também! — gritou Alfeu, sorrindo malignamente.

Jonas, no entanto, não se moveu.

— Mais alguma coisa, rapaz? — indagou Alfeu, irritado.

— Esse Judas quis devolver o dinheiro aos sacerdotes — respondeu o jovem, com um sutil sorriso — ao que parece, se arrependeu. Vi quando ele saiu correndo com lágrimas nos olhos.

— Posso continuar meu caminho? — perguntou Alfeu enquanto balançava a cabeça.

— Boatos, senhor — prosseguiu o jovem guarda. — Dizem que os discípulos de Jesus de Nazaré estão se reunindo dentro dos muros de Jerusalém, e muitas pessoas sussurram palavras perigosas.

— Esmagaremos quem ousar questionar o templo — sentenciou o filho de Jeremias.

— E sobre Barrabás? — disse o outro.

— Barrabás é outro assunto — interrompeu Alfeu, olhando para os lados. — Um assunto romano. Não falemos mais nesse homem. — O guarda do templo apertou o cabo de sua lança: — onde estão se reunindo os covardes traidores?

— Não sei ao certo, mas — Jonas engasgou e fitou o chão — Daniel deve saber.

Os olhos duros de Alfeu pousaram severamente sobre o jovem, que há pouco mais de um mês entrara para o serviço. O pai dele era um dos alfaiates mais respeitados de Jerusalém e atendia cuidadosamente os sacerdotes. Alfeu percebia que Jonas era tão ambicioso quanto ele próprio.

— Daniel? — indagou Alfeu. — O que o faz pensar em nosso companheiro?

— As palavras dele, senhor — respondeu rapidamente o rapaz magricelo —, e como ele ouvia o falso profeta quando vinha ao templo.

Os olhos de Daniel estavam sempre atentos aos relatos mirabolantes sobre o tal Jesus.

— Ele foi para casa? — perguntou o altivo hebreu ao iniciante.

— Creio que sim — atalhou o outro. — O velho Daniel cruzou o portão a passos ligeiros. Seus olhos pareciam relâmpagos!

Alfeu suspirou. Gostava muito do velho soldado. Daniel era um segundo pai, que muito lhe ensinara sobre as coisas do templo, já que Jeremias não era muito dado à troca de palavras.

A voz de Caifás estava em seus pensamentos, ordenando que fosse até onde o sacerdote José de Arimateia tinha seu jazigo, mas os pés de Alfeu se dirigiram para um caminho diferente, indo para a parte mais pobre da velha Jerusalém. Quase correndo, o guarda chegou à casa do homem que fora dispensado do serviço no templo. Via-se somente uma luz fracamente acesa. Alfeu sabia que Daniel vivia só, pois suas quatro filhas haviam se casado e a viuvez havia assaltado o veterano no ano anterior. Desde então, o antigo amigo preferia viver só.

— Daniel! — chamou Alfeu batendo à porta. — Abra!

— Alfeu, vá para casa! — grunhiu o velho depois de algum tempo. — Veio me espezinhar a essa hora? Volte no domingo!

No entanto, a porta se abriu. Daniel segurava o candeeiro com firmeza e seus olhos estavam ferozes. Não usava, porém, os trajes do templo, apenas um camisolão, que esvoaçava ao sabor do vento quente.

— Vim dizer para se cuidar — disse Alfeu com dureza. — Os sacerdotes preveem dias turbulentos.

— Vivemos dias turbulentos desde que nossos pais vieram do Egito — rosnou Daniel. — Eu agora sou criminoso?

— Não — respondeu o outro. — Mas sua língua é ferina e seu temperamento é inflamável. Não era para seus dias na guarda acabarem assim, mas...

— Mas o quê, Alfeu?! — interrompeu o velho. — Sou um soldado, quer queiram ou não! Cumpri minha obrigação quando prenderam aquele pobre coitado que não feriu ninguém. Mas meu coração não é de Caifás, nem da cobra velha de Anás!

Daniel pôs suas mãos ossudas sobre os ombros do filho de seu grande amigo. Sua barba descuidada esvoaçava, dando-lhe um ar digno aos olhos de Alfeu, que o teria tomado por um sacerdote.

— Filho de meu coração — disse o ex-guarda — você tem um coração muito ambicioso. Tanto quanto o que Caifás tem no peito. Tenha cuidado para não pecar contra Deus! Quem muito fala em nome de Deus, muito deve a ele!

— Está a blasfemar! — redarguiu Alfeu, livrando-se das mãos do amigo.

— Não! — prosseguiu o outro. — Nunca estive tão sensato! Vejo tudo com clareza agora, meu jovem! Somos joguetes nas mãos dos sacerdotes! Acha que o bando do qual Barrabás faz parte expulsará os romanos? Acha que os zelotes irão vencer?

— Baixe a voz! — ordenou Alfeu, cerrando os punhos.

— Não me ordene, guarda do templo! — volveu Daniel pondo seu punho cerrado no peito de Alfeu. — Não me dão mais ordens! Um leão velho é ainda mais perigoso!

Alfeu piscou. Afastou-se um passo. Sentia que o amigo estava destemperado pela forma que Anás o tratara. Mas sabia que aquelas palavras significavam traição.

— Deus não aprova o assassinato de homens bons — disse o velho, com firmeza. — Mataram João Batista e agora Jesus. Quantos mais terão de morrer?

— Muitos outros até o Messias chegar — sussurrou Alfeu, virando as costas para o amigo. — Eu não quero que você, velho, seja mais um. Logo, fique calado!

Tentando recuperar o tempo perdido com Daniel, Alfeu acelerou o passo. Estava cansado, mas tinha de chegar o mais rápido possível ao local onde seus companheiros estavam. O suor escorria por sua cabeça, dando uma sensação incômoda com o capacete. Sentia fome e sede, mas assim que chegou ao portão da cidade, parou para a passagem de três soldados romanos, que debocharam dele. Suportou as palavras em silêncio e olhou fixo para o solo, para não proporcionar aos estrangeiros um motivo para assassiná-lo. Em seus pensamentos, palavras sombrias: "A espada de fogo do Messias arrancará suas cabeças!".

CAPÍTULO 5

Alfeu, após se afastar um pouco dos muros da cidade, parou. Seus pulmões ardiam, e o cansaço o tomava. Havia se desgastado correndo pelas tortuosas ruas de Jerusalém até a casa de Daniel. Não se recordava da última refeição que fizera, e o rosto de sua família nem passava em suas lembranças. Tanta coisa ocorrera por conta do blasfemador Jesus, que a súbita raiva fez o guarda correr por uma centena de metros até voltar a caminhar.

O amanhecer de domingo chegava, e Alfeu, com as pernas pesadas, passou por algumas árvores. Aquela região era erma e, contra as ordens dos sacerdotes, mais uma vez, sentou-se no chão pedregoso para descansar. Estava convicto de que seus guardas iriam repelir qualquer intrusão dos antigos seguidores do nazareno, e ele deveria manter alguma força para se mostrar altivo diante dos homens. Sem perceber, sua cabeça pendeu.

Gritos e o tilintar de armas fizeram Alfeu levantar-se de supetão. Ele desfaleceu de cansaço, mas, naquele momento, suas mãos apertavam o cabo da afiada lança que portava. Com os joelhos flexionados e tomando um mirrado arbusto por proteção, o guarda do templo viu soldados correndo em sua direção. Estavam aturdidos e assustados.

— Alto! — bradou Alfeu aos guardas do templo, que estancaram a carreira, ainda mais surpresos.

Os sete homens enviados por Caifás quase caíram ajoelhados diante do guarda que deveria chefiá-los. Balbuciavam palavras incompreensíveis. Foi necessário que Alfeu esbofeteasse Malaquias, um dedicado companheiro.

— Fale! — ordenou Alfeu, erguendo novamente a mão.

— Houve um tremor enquanto dormíamos! — balbuciou Malaquias, o menor, pois havia um nobre sacerdote com o mesmo nome, chamado de o Maior.

— E uma luz, eu vi! — disse o jovem Saul, com os olhos arregalados. — A tumba foi aberta!

— Vocês estão loucos?! — gritou Alfeu, chacoalhando o soldado. — Como ousaram dormir no posto? Todos vocês!

Ninguém respondia a Alfeu. Nervoso, o guarda soltou Malaquias e encarou aqueles homens. Nenhum deles era covarde. Pelo contrário, eram soldados ferozes, que ansiavam por expulsar os romanos a ferro e sangue.

— Jesus, senhor Alfeu — disse Saul, com um estranho brilho no olhar. — Antes eu estava na dúvida, mas agora tenho certeza! Ele é real!

— Vocês estão bêbados, idiotas! Dormiram e sonharam!

— O mesmo sonho? — volveu Saul.

O cabo da lança de Alfeu baixou violentamente sobre a cabeça do rapaz, que rolou no chão, com um filete rubro a escorrer por sua face. Chutando o jovem, o guarda mais velho rosnava. Simão, Judas e Barnabé afastaram, com esforço, Alfeu de Saul, enquanto Malaquias e os demais acudiam o jovem semi-inconsciente.

— Serão açoitados! — gritou Alfeu. — Eu mesmo os açoitarei! — Vendo-se livre das mãos dos companheiros, prosseguiu: — onde está o covil onde o blasfemador foi sepultado? Onde?!

— Pode me açoitar, Alfeu — retrucou Judas, que era considerado pelo superior como um homem duro e confiável — mas eu não volto lá!

— Vamos ao Sinédrio! — bradou Malaquias, tomando a direção de Jerusalém.

Carregando Saul, os homens do templo tomaram seu caminho em direção à cidade. Alfeu apenas observou. Voltou seu rosto para a direção pela qual os guardas tinham vindo, e, em seguida para Jerusalém. Seus pés se viraram, e ele se juntou aos homens. Iria, pelo menos, liderá-los diante do sumo sacerdote.

Enquanto o grupo seguia para Jerusalém, os olhos de Alfeu divisaram, ao longe, uma mulher trajando luto, caminhando na direção da tumba onde o corpo Jesus havia sido depositado. Ela lhe pareceu familiar, mas seus pensamentos estavam tão revoltosos que logo a esqueceu.

***

Mais tarde, quando cruzaram o portão principal do templo, no alto da escadaria, Caifás, Anás, João, Matias, Jonatas — estes dois últimos eram cunhados do homem que conspirara contra Jesus — e outros líderes dos sacerdotes pareciam esperá-los. Sem dúvida, jovens que transmitiam recados haviam percebido a chegada do grupo de soldados e correram para avisar aos líderes hebreus. A fúria estampada na face do sumo sacerdote era evidente.

— Deixaram o posto por qual razão? — vociferou Caifás diante de todo o templo, naquela manhã de domingo ensolarada.

— Não podemos falar aqui, senhor — disse Alfeu, apressado.

Anás abriu a boca. Pela primeira vez, o velho sacerdote não sabia o que dizer. Jonatas cerrou os punhos. Malaquias,

37

o Maior, arregalou os olhos. Todos aguardavam a palavra de Caifás.

O poderoso sumo sacerdote virou as costas e indicou que o grupo o seguisse. A passos rápidos, os homens cruzaram corredores e salas e se dirigiram a um discreto aposento, nas câmaras mais profundas do templo.

Em silêncio, os fariseus ouviram o relato dos guardas, embora Alfeu se mantivesse em silêncio. O olhar penetrante de Caifás estava pousado unicamente na face do homem em quem confiara. Todos os guardas falaram, menos o filho de Jeremias.

— Você, que é o líder — disse Caifás com voz fria —, não tomou a palavra. Por qual razão?

— Eu não estava lá — Alfeu respondeu depois de algum tempo.

— Por que você se atrasou dessa maneira? — volveu o sumo sacerdote, com as mãos crispadas.

— Estava muito cansado — disse o guarda, firme — não consegui correr e, quando saí da cidade, fiquei lento.

— Um jovem como você! — exclamou João, alisando sua longa barba grisalha. — Na sua idade? Onde está a força da guarda do templo?

— E tamanha é a covardia da guarda, que abandonou o posto após dormir — resmungou Anás, cheio de desprezo.

— Vocês receberão dinheiro — disse Caifás, para espanto geral, sobretudo de Anás — e ficarão calados. Vocês foram, mais uma vez, enganados pelos blasfemadores do nazareno.

Fitando rapidamente o teto de pedra do templo, o sumo sacerdote deu alguns passos enquanto apertava os dedos. Anás parecia confuso, enquanto os outros sacerdotes se entreolhavam.

— Se vocês falarem sobre a farsa que viram — prosseguiu Caifás —, fortalecerão a causa dos blasfemadores.

— Vocês foram enganados, meus caros. Enquanto dormiam, eles abriram a tumba e roubaram o corpo.

O sumo sacerdote se voltou para Matias e um sorriso forçado estava em seu rosto — vá até o sacerdote Levi e traga uma bolsa de dinheiro.

O sacerdote concordou e saiu apressado. O silêncio sepulcral só era quebrado de tempos em tempos pelo ranger dos ossos de Anás, que tremia de raiva sob suas ricas vestes.

Logo Matias e Levi chegaram trazendo uma pesada bolsa de moedas. Caifás entregou o dinheiro a cada um dos guardas, que prometeram nada dizer. Os guardas, um a um, com as mãos repletas de moedas, saíram pelo corredor. Saul, no entanto, fitou teimosamente o sumo sacerdote, mas nada disse. Trêmulo, o jovem seguiu seu caminho, ainda com marcas de sangue no rosto.

Por fim, Alfeu permaneceu com os sacerdotes. Caifás entregou a ele uma quantidade de moedas igual a dos outros guardas, mas o desprezo estava nos olhos do sacerdote.

— Falhou comigo, filho de Jeremias — disse Caifás. — Não me esquecerei desse fracasso. Você me fez tirar dinheiro de Deus.

— Não entendo — balbuciou Alfeu.

— É porque é um bruto, um animal de carga — sorriu Caifás. — Eu o julguei errado, acreditando que era um homem diferente da massa. Mas agora vejo que não é como seu pai. Vá.

Boquiaberto, Alfeu fez uma instintiva reverência aos doutores da lei e saiu. Em seus olhos, via a imagem de Judas Iscariotes com as moedas nas mãos. Aquele dinheiro era pesado e ruidoso.

O soldado não conseguia compreender como, mesmo morto, Jesus ainda provocava tanto tumulto.

— Onde está Malco? — indagou Caifás a seus companheiros. — Precisamos de um verdadeiro israelita aqui!

CAPÍTULO 6

Chegando em casa, Alfeu encontrou uma Rute assustada que, preocupada com o esposo, estava aninhada com o filho. Jeremias e Ester, pais de Alfeu, estavam à sua volta.

O antigo soldado suspirou quando o filho cruzou a porta, ele estava sujo dos pés à cabeça e com o semblante derrotado. O ancião trouxe uma caneca de vinho ao primogênito, enquanto Rute se aproximava docilmente do marido. Carrancudo, Alfeu cumprimentou os pais e a esposa, mas ignorou o filhinho que lhe abraçava as pernas doloridas.

— Preciso descansar — disse Alfeu, escondendo as moedas da vista de todos. — Não durmo há muito tempo.

Assim, Jeremias abençoou o filho e se retirou com a esposa, mas antes Ester deixou recomendações a Rute sobre como lidar com aquilo, pois bem imaginava que tipo de serviço o filho realizara.

Limpo e alimentado, Alfeu deitou-se em sua cama. Não dissera nenhuma palavra à esposa nem ao pequeno filho. O domingo ensolarado se foi, e o guarda do templo jazia em seu leito, com o semblante sombrio e os pensamentos tempestuosos. Que trama era aquela engendrada pelos seguidores de Jesus? Por que o Sinédrio temia tanto as palavras de um tosco galileu que nem conseguiu se salvar? Qual era o fascínio que o homem crucificado exercia nas pessoas? De punhos cerrados, Alfeu se levantou quando Rute se aproximou para dormir.

Sentado no banco que havia perto do leito, o homem ruminava seus pensamentos. Em seus olhos, via os sábios José de Arimateia e Nicodemos saindo em defesa dos restos destroçados de Jesus. Viu também o olhar aturdido do homem que ajudara o condenado a levantar a pesada trave de madeira escura.

— Onde está Jacó? — murmurou Alfeu, depois de um tempo. — Onde está meu irmão?

— Seu pai disse que ele foi para Jericó — respondeu Rute, já deitada. — Ele está bem.

***

A alvorada chegou depois de uma infinidade de tempo, na opinião de Alfeu. Ele não dormira, e seu corpo estava rígido e desgastado. Pondo os trajes do templo, tomou sua lança e seu escudo e saiu sem se despedir da família.

Quando pôs os pés nas ruas, percebeu um estranho alvoroço. Mulheres e crianças corriam apressadas, e homens conversavam entre si. Muitos, ao verem o soldado, se afastaram deliberadamente. Diferente do habitual, ninguém cumprimentou Alfeu, que seguiu para seu posto.

O filho de Jeremias, no entanto, sabia a razão da cidade estar em polvorosa: Jesus de Nazaré. Um sabor amargo estava na boca do hebreu. Ele sabia que, enquanto se discutia a farsa dos galileus, Roma gargalhava, pois o povo submetido não teria tempo para tramar rebeliões.

Chegando ao templo, Alfeu ficou espantado com a aglomeração diante da casa de Deus. Sacerdotes iam e vinham carrancudos. Jonatas discursava, enquanto João e outro

41

doutor da Lei, chamado Oséias, fitavam as pessoas que queriam saber se era verdade o retorno do crucificado Jesus.

— Onde estão Caifás e Anás? — indagou Alfeu a Elias, um guarda experiente.

— Não sei ao certo — respondeu o soldado, com um ar superior. — Dizem que foram até o sepulcro de José de Arimateia. Toda a cidade fala em Jesus de Nazaré — o veterano olhou para um grupo de crianças que chegara —, os companheiros daquele blasfemador estão espalhando essas mentiras!

— Pilatos, em breve, se intrometerá — retrucou Alfeu.

— Não creio — asseverou o outro. — O romano não se preocupa com isso. Ele está interessado em caçar Barrabás.

— Onde está Malco? — perguntou Alfeu.

— Não se sabe — respondeu Elias — eu mesmo fui à casa do comandante. Nem ele e nem a família estavam.

Os olhos dos guardas pousaram em Daniel, que acabara de cruzar os pórticos do templo. Os olhos do velho estavam fixos nos sacerdotes. O andar resoluto denotava que havia ainda muita força no antigo militar.

Daniel se aproximou de Jonatas e lhe fez uma profunda reverência. Ainda era hebreu e, como todos os homens daquela terra, via nos sábios detentores das Escrituras a orientação que provinha de Deus.

Alfeu e Elias se aproximaram, mas não ouviram a indagação do velho companheiro. Mas a expressão de nojo do sacerdote alarmou os soldados. Puxando os braços de Daniel para trás, Alfeu e Elias rapidamente submeteram o amigo. O antigo soldado tentou se desvencilhar das mãos férreas dos guardas mais jovens, que o empurraram para fora do templo, agora usando os cabos das lanças.

— Enlouqueceram? — gritou Daniel.

— Você enlouqueceu! — gritou Alfeu. — Toda a cidade enlouqueceu!

— Será, então, que você perdeu o juízo? — volveu o velho. — E os sacerdotes também?

— Vá embora, Daniel — ordenou Elias. — Temos muitos problemas aqui. Não quero prendê-lo!

— Quem pode mandar prender aqui é Alfeu — rosnou Daniel, em desafio. — E, então, filho de Jeremias, vai me prender?

O olhar de Elias pousou sobre o rosto de Alfeu. O soldado da guarda apertou o cabo da lança com seus dedos fortes. Alfeu sustentou o olhar do companheiro e depois se dirigiu a Daniel. Uma pancada com o cabo da lança nas pernas magras do velho soldado o fez cair pesadamente no chão poeirento.

— Suma — disse Alfeu. — Nossa amizade acabou aqui. Se eu o vir novamente no templo, será preso por blasfêmia.

Daniel levantou-se. Cuspiu aos pés do filho de seu grande amigo e, em seguida, encarou Elias. Virando-se, lentamente, o velho soldado se retirou em silêncio.

— Os dias irão se encarregar de fazer o povo esquecer Jesus — disse Alfeu, fitando as paredes sólidas do templo.

— Saberemos disso em breve — retrucou Elias, pesaroso.

Mais tarde, Simão, um dos padeiros que trabalhavam no templo, chamou Alfeu. Caifás o esperava. Elias, visivelmente enciumado, virou o rosto e fingiu ignorar a convocação. Em outros tempos, Alfeu sentiria orgulho daquele chamamento, mas ficou com o coração pesado de preocupação. Sabia que falhara e, mais ainda, o sumo sacerdote e seu implacável sogro não perdoavam nem esqueciam deslizes.

Caifás e Anás estavam na sala das Escrituras, com dois grandes rolos abertos sobre a mesa. O sumo sacerdote observou silenciosamente a chegada do guarda, enquanto o ancião não desviava seu olhar das palavras escritas que traziam toda a tradição de seu povo.

— Seu fracasso ainda ficará à mostra por bastante tempo, Alfeu — disse Caifás, em tom baixo. — Se eu pudesse, o chicotearia. A cada hora, mais e mais pessoas ficam sabendo que Jesus de Nazaré voltou dos mortos. Há quem se lembre das velhas profecias do ressurgimento do Messias após sua morte. Consegue, seu infeliz, visualizar o tamanho da blasfêmia?

— Cães não pensam — disse Anás, sem tirar os olhos das Escrituras.

— Os guardas que estavam lá serão enviados a outras sinagogas, para evitar que o dinheiro pago não seja o suficiente — prosseguiu Caifás — e, se ainda assim falarem, serão acusados de traição.

O rosto do sumo sacerdote era duro. Sua longa e bem mantida barba se assentava soberbamente por seu peito, cobrindo parcialmente o peitoral do julgamento, um adorno riquíssimo com doze pedras preciosas em honra às doze tribos de Israel. O objeto lhe conferia um ar respeitável, embora nos olhos vibrasse muda cólera. O soldado, impassível, permanecia em silêncio.

— Você irá para Jope — sentenciou Caifás por fim. — Imediatamente.

Saudando os sacerdotes, Alfeu retirou-se. Sentia-se humilhado. Seus passos ecoavam pelo corredor do templo e sentia que olhares estavam fixos nele. Indo direto aos aposentos dos guardas, deixou cair sua lança e bebeu avidamente uma jarra de vinho. Sua cabeça doía e suas pernas tremiam. Seus pensamentos sanguinários estavam todos voltados para Jesus: "se pudesse, teria eu mesmo o açoitado e o posto na cruz!".

CAPÍTULO 7

Quando informou aos guardas, os mesmos que haviam sido convocados para vigiar a tumba onde o corpo de Jesus fora depositado, sobre a mudança para Jope, Alfeu percebeu que o jovem Saul recebera bem a notícia, ao contrário dos outros. Todos ali, exceto o rapaz, possuíam esposas e filhos, e sabiam que o processo de mudança era difícil.

— Nós trabalhamos na Casa de Deus — lastimou-se Judas — e estamos sendo castigados por algo que não fizemos!

— Se não tivessem adormecido, estaríamos sendo tratados como reis — retorquiu Alfeu. — Mas...

— Você nem estava lá — interrompeu Barnabé, aproximando-se perigosamente do rosto de Alfeu.

— Nada podemos fazer para reverter isso — disse o filho de Jeremias sem mover-se. — Só nos resta obedecer ou deixar o serviço em desonra.

***

Chegando em casa, Alfeu informou a Rute o acontecido. A mulher ficou com os olhos marejados, mas nenhuma lágrima rolou em sua bela face. Mais tarde, Jeremias chegou, como que pressentindo que o filho mais velho estivesse com dificuldades. Silencioso, o ancião ouviu as palavras do primogênito.

— Caifás esquecerá essa falha — disse Jeremias por fim. — Mas não será agora. Você deve ir a Jope, meu filho. Rute e meu neto podem ficar comigo, até que as coisas se assentem. Uma mudança às pressas não será salutar a ninguém.

— Agora ficarei sem minha família também! — exclamou Alfeu, tomado de desespero.

— Por alguns dias, meu filho — ponderou Jeremias. — Podem ser que as coisas se acalmem. Viajar até Jope é muito sacrifício para uma mulher e uma criança de colo. Além disso, pretendo falar com Anás. Isso tudo é ideia dele. Afinal, você não é chamado de O Fiel à toa.

— Não faça isso, meu pai — retorquiu o outro. — Irei para Jope. Rute e Jeremias ficarão com o senhor. — O soldado alisou a barba negra por alguns instantes. — Minha carreira foi jogada fora por conta de um blasfemador!

— Não culpe um homem pelas ações de outro — proferiu Jeremias. — Agora é hora de serenidade para voltar a prosperar!

Dessa forma, Alfeu e Jeremias cuidaram dos assuntos relativos à mudança do guarda para a sinagoga de Jope, uma antiga cidade portuária. Os outros soldados haviam sido espalhados e, solitários, ansiavam retornar ao templo. Três dias depois, Alfeu partia com um grupo de comerciantes hebreus e alguns soldados romanos para a cidade onde moraria, servindo a sinagoga local. Consigo levava os documentos necessários e poucos pertences pessoais.

A cada passo que dava para longe de Jerusalém, mais o soldado odiava o homem da Galileia, que viera à cidade de Davi como um rei e que morrera como um ladrão.

Chegando a Jope, uma cidade com muitos estrangeiros, Alfeu se apresentou ao templo local. O chefe dos sacerdotes, um gorducho chamado Tiago, olhou detidamente os documentos de recomendação do rapaz.

— Um nobre soldado — disse o sacerdote com a voz esganiçada que o acompanhava desde a meninice — mas que foi jogado fora pelo templo de Deus! Eu acatarei as recomendações de Caifás, meu caro, mas meus olhos estarão sobre você a cada instante!

Assim, Alfeu foi admitido na sinagoga. Nos dias que se seguiram, estranhas notícias envolvendo Jesus e seus discípulos chegavam à antiga cidade. Alfeu, que passara a morar no alojamento dos soldados, ouvia com desprezo os relatos do reencontro de Jesus com seus seguidores na Galileia e de como ele comia e falava com eles. O soldado percebeu que, a cada relato, pessoas se impressionavam e se perguntavam que tipo de poder o profeta de Nazaré possuía.

Amargo e solitário, Alfeu passou a dormir embriagado, embora não falhasse em suas responsabilidades. Os sacerdotes locais, sobretudo Tiago, não se agradavam de sua conduta sempre amarga. Azarias, o velho pintor que passava as horas de segunda e terça-feira no templo, alertou ao guarda para que diminuísse a ingestão de vinho, pois Tiago não estava satisfeito com aquilo. Alfeu franzia o cenho, mas nada dizia. Estava lá havia quase três meses. Recebia mensagens constantes de Rute e Jeremias, que não fora ouvido pelos sacerdotes.

Certa vez, pela manhã, Alfeu estava caminhando por entre as colunas pouco imponentes da modesta sinagoga. O ar salgado dominava a atmosfera. Os olhos atentos do soldado divisaram um homem coberto de poeira caminhando respeitosamente pelo pátio. Seu coração acelerou. Os olhos de Saul se encontraram com os do antigo companheiro. O filho de Jeremias percebeu que algo estava diferente no rapaz que ele conhecia e havia treinado.

47

— Por que você deixou seu posto na Pereia? — indagou Alfeu, com sua dureza peculiar.

— Não sirvo mais como soldado — respondeu calmamente o jovem — mas vim vê-lo, Alfeu. Tenho notícias para você.

O jovem, então, estendeu alguns pequenos rolos de pergaminho. Havia até mensagens de seu cunhado Isaque e de seu irmão Jacó.

— Eles estão bem — disse Saul, tomando caminho para fora do templo — fique com Deus.

— Aonde você vai? — indagou Alfeu subitamente. — Você está trabalhando em quê?

— Vou aonde o Senhor me ordena, meu caro — respondeu o jovem sem se virar — e vivo conforme Ele quer. Até!

Sem perder tempo com Saul, Alfeu foi rápido para seu alojamento e abriu a correspondência. Triste, soube que o casamento entre Jacó e Maria não mais aconteceria. O escândalo da transferência de Alfeu manchara a reputação de Jeremias. Além disso, Jacó estava decidido a manter-se como comerciante junto a Isaque, renegando o nobre destino de sua família.

Os pensamentos de Alfeu voaram até seu último encontro com o irmão. Haviam discutido por causa de Jesus. Novamente, Jesus! Aquele nome lhe provocava tamanho asco que, sempre que um homem chamado Jesus se apresentava, seu semblante tornava-se ainda mais sombrio. Por conta disso, a gente de Jope passou a chamar Alfeu de "o triste", ou de "o amargo", pois não falava além do necessário, nem fizera amizades, além de ser grosseiro em muitas oportunidades.

Tiago, percebendo que as pessoas passaram a evitar o soldado, solicitou que Alfeu se apresentasse em seu gabinete. O sacerdote não encontrou nada na aparência do guarda que o desabonasse. Mas ainda assim, Tiago verificou o lustro do escudo e o fio da lança.

— Uma sinagoga não é lugar para brincadeiras — disse o sacerdote — mas um lugar respeitável, onde homens são educados.

— Sou pago para proteger o lugar, não para sorrir — interrompeu Alfeu, com mordacidade.

— Não me afronte, soldado! — gritou Tiago, com sua voz esganiçada.

— Sou chamado de O Fiel, em Jerusalém, pela minha lealdade a Deus — obtemperou o soldado —, não por minhas mesuras. Se fosse para eu ser mandado embora do meu serviço, se eu não prestasse mais, teria sido dispensado e não enviado para longe!

— Eu o dispenso agora! — exclamou o sacerdote, pondo seu dedo rechonchudo no nariz adunco de Alfeu.

— Não pode — sorriu o filho de Jeremias. — Caifás não lhe ordenou isso. Fico aqui por mais cartas que você envie.

Tiago deu um passo para trás. Ele ficou rapidamente com o rosto coberto de suor. Não esperava aquela reação de um simples soldado. Mas Alfeu estava certo. Não podia dispensá-lo como a comunidade queria.

— Por que você fica? — indagou Tiago, num murmúrio.

— Porque me ordenaram — resmungou Alfeu se retirando. — E fico até me liberarem daqui!

Antes que chegasse até a porta do gabinete, Alfeu parou. Rapidamente seu corpo girou. Seu semblante era terrível. Uma ideia sinistra havia surgido em seu coração. Em sua mente, enquanto ele próprio amargava a ruína, outra pessoa deveria estar se regozijando.

— Preciso ir a Jericó — disse o soldado. — O senhor me autoriza?

CAPÍTULO 8

Jacó, a cada dia que passava, ficava mais feliz. Ajudava Isaque no comércio e sua jovialidade atraía uma quantidade impressionante de fregueses. Muitas famílias romanas compravam com ele as tâmaras e os óleos que o cunhado mantinha no estabelecimento. A tristeza que levara o jovem a Jericó não mais existia, pois os relatos do ressurgimento de Jesus de Nazaré deixavam a casa de Isaque em plena alegria. Zaqueu, o outrora temido publicano, não era mais visto. Dizia-se que ele fora convocado por Simão, agora chamado de Pedro, e Tiago, o irmão de Jesus, para fazer parte dos discípulos do profeta nazareno.

Houve, no entanto, motivo para tristeza quando chegaram notícias acerca da transferência de Alfeu e da desmoralização pública de Jeremias ante a comunidade de levitas que serviam no templo sagrado. Mas o otimismo de Isabel e Isaque logo afastou as nuvens de preocupação. Até mesmo quando seu pai informou que o noivado com Maria fora rompido, o jovem percebeu que novos ares estavam chegando.

Era uma noite fria quando Jacó caminhava pelas ruas de Jericó. O jovem ouvia relatos de que Jesus, na Galileia, tinha caminhado com seus antigos companheiros e fora visto por muita gente. Leprosos eram novamente curados e cegos enxergavam pela primeira vez. O coração do jovem pulava de alegria. Sentia grande vontade de ir atrás do Nazareno, mas sabia que seu irmão ficaria ainda mais desgostoso. Também receava ter de enfrentar sozinho a estrada. Naqueles dias perigosos, ela estava tomada por salteadores cruéis.

Jacó ouviu risadas infantis vindo de uma velha casa. Sorriu também. Sentia-se leve. Fechara um bom negócio em nome do cunhado e agora voltava para casa com a feliz notícia. Quando se aproximava do lar do comerciante, uma estranha sensação fez o rapaz parar.

— Jacó — disse uma voz rouca vinda do canto mais escuro da rua. — Vire-se.

O jovem se virou e encarou com surpresa Alfeu. O soldado estava coberto de poeira, com a barba descuidada, mas os olhos fervilhavam com uma estranha luz.

— Irmão — disse Jacó —, que bom vê-lo.

— Gostaria de revê-lo, mas em condições melhores — retrucou o outro, caminhando lentamente. — Por que não voltou para casa?

— Vivo em Jericó agora — respondeu Jacó. — A vida para mim está muito boa.

— Você tinha uma vida boa, com um futuro promissor na Casa de Deus — volveu Alfeu, a poucos centímetros do irmão —, e jogou tudo para o alto.

— Não podia viver mais em Jerusalém — proferiu Jacó, sem intimidar-se. — Não com a injustiça que houve lá. Não servirei a assassinos.

As palavras de Jacó soaram amargas aos ouvidos de Alfeu. Jamais seu irmão fora insubmisso daquele jeito. Percebia no caçula não só a influência do cunhado — que não aprovara desde o início —, mas também do blasfemador de Nazaré.

— Deixou nosso pai sozinho em Jerusalém — disse Alfeu — e o envergonhou perante os outros.

— Eu? — sorriu Jacó. — Não fui tirado do templo de Herodes como um cão enxotado. Não fracassei em meu trabalho.

Uma súbita chama surgiu no coração de Alfeu. Um movimento rápido naquela noite escura e deserta e a adaga do soldado estava fincada no peito de Jacó. O jovem arregalou os olhos e tentou falar. O ar lhe escapava. Agarrando Alfeu, cujas lágrimas surgiam, o filho mais novo de Jeremias dobrou os joelhos. Boquiaberto, Alfeu retirou a lâmina, cobrindo-se com o sangue do irmão que amava.

— Irmão! — balbuciou Alfeu, em desespero. — O que fiz?

— Eu o provoquei — sussurrou Jacó, engasgando com o próprio sangue. — Não foi culpa sua.

— Tenho que buscar ajuda — disse Alfeu, tomado por violento tremor.

— Não há ajuda para mim neste mundo — disse Jacó, com súbito brilho no olhar — mas você precisa de ajuda. Te amo, irmão! Nunca disse isso devido ao orgulho inerente em nossa raça. Mas Jesus ensina que o amor cura todas as feridas.

— Esqueça Jesus! — objetou o outro.

— Não — retrucou Jacó, quase morto —, eu aceito Jesus com toda minha força.

Dizendo aquilo, Alfeu soltou o irmão. Espasmos anunciando a morte de Jacó vieram e se foram, deixando o jovem, finalmente, imóvel. O mundo havia parado para o soldado do templo. Alfeu viu-se com as mãos e roupas cobertas de sangue. Sua cabeça fervilhava. Mais uma vez, Jesus de Nazaré o prejudicara, levando seu irmão. Ouvindo passos e vozes em sua direção, Alfeu sentiu medo. O levita virou-se para o canto escuro de onde viera e correu no exato momento em que dois homens chegaram e gritaram ao ver o corpo inerte no chão. A voz de Isaque se assomou, gritando pelo jovem cunhado, enquanto Alfeu ganhava as ruas escuras de Jericó.

Enlouquecido, Alfeu corria. Algumas pessoas o viram e gritaram, mas ele possuía muita força nas pernas e, embora não conhecesse muito a cidade, logo escapou pelo portão aberto. Os soldados romanos viram apenas um vulto correndo. Como não se importavam com os acontecimentos, deram de ombros. Mais tarde, souberam do assassinato e nada disseram da passagem do estranho homem correndo e que fora tomado como louco por eles.

***

Era alta madrugada quando Alfeu caiu no solo pedregoso do deserto. Seus músculos doíam de forma indescritível, mas seu espírito gritava em supremo desespero. O olhar agonizante de Jacó estava estampado na mente do soldado. Rastejando, o hebreu percorreu mais alguns metros até que, por fim, desfaleceu.

Em seu sonho, Alfeu se via no templo, estava com ricas vestes. Anás e Caifás buscavam seus conselhos. Sabia que os romanos haviam sido expulsos e seu nome era ornado de glória. Alfeu sorria e acenava. Sua espada estava na mão direita.

Mas, então, os olhos dos sacerdotes começaram a verter sangue. Caindo aos pés do general que Alfeu era, os sacerdotes sufocaram no próprio sangue. Filetes pequenos de líquido rubro brotavam das paredes rochosas da obra erguida por Herodes, e logo todos os muros vertiam sangue como cachoeiras. Gritos ecoaram, e Alfeu, correndo pelo pátio, viu milhares de corpos estirados no chão. Reconheceu ali, em meio aos mortos, Daniel, Isaque e Isabel, além de Jeremias e Ester. Viu, por fim, enquanto caminhava entre os corpos, Jacó, com seu peito vertendo sangue abundantemente.

— Alfeu, O Fiel! — disse um homem alto e de semblante oculto pela treva, sorrindo com dentes vermelhos. — Junte-se a nós! Fratricidas não ficam de fora neste seu reino de desespero!

— Não! — gritou Alfeu, brandindo sua espada, que ficara coberta de sangue. — Não!

— Sim, irmão — volveu o homem sinistro, sem face. — A espada sedenta de sangue jamais é saciada. Veja! Você a alimentou com seus próprios pais! Beba mais do meu sangue, Fiel!

Tentando fugir, Alfeu tropeçou no corpo dos sacerdotes. Tentou se livrar da espada, mas a arma parecia grudada em sua mão. Ouvia o bramir de aves carniceiras grasnando felizes pelo banquete. Rastejando por cima dos cadáveres, o desesperado soldado subiu as escadas do templo e viu que fora dele línguas de fogo subiam ferozes, denunciando a destruição do mundo.

— Veja seu reino de desespero! — disse Jacó ao lado do irmão, e era bela sua aparência, serena e cheia de vida. — Dê um basta à própria dor!

Alfeu abriu os olhos. O sol estava alto. Sua boca ressequida se abriu em mudo grito. Seus olhos atormentados varreram ao redor. O sol abrasador fazia o horizonte tremeluzir, e ao soldado pareceu que seu irmão estava de pé, diante dele. Não era a mesma figura arruinada que estava em seus sonhos terríficos. Pelo contrário, uma tênue luz prateada parecia envolver a figura tremeluzente, apesar da claridade solar. Jacó, em espírito, estendia seus braços, e sua voz doce chamou pelo irmão mais velho.

Alfeu, diante daquilo, cuspiu e virou as costas.

CAPÍTULO 9

Até o anoitecer, Alfeu permaneceu deitado, absorto em seu tormento. Logo, quando as estrelas despontaram no céu, a fome o assaltou. Não tinha, porém, para onde ir. A vergonha o prendia ao chão. Sabia que não estava longe de Jerusalém, mas não suportava a ideia de regressar à cidade natal.

No dia seguinte, porém, o instinto de sobrevivência impôs que Alfeu se erguesse. Um trapo humano, todo poeira, farrapo, sangue seco e dejetos se levantou. O filho de Jeremias, a esmo, caminhou.

Depois de um longo tempo, chegou ao povoado de Betânia, lá pelo meio da manhã. Um velho, guiando um pequeno rebanho de ovelhas, o chamou. O infeliz, por sua vez, ignorou o homem. O ancião, com incrível agilidade, chegou até Alfeu, que caminhava encurvado e arrastando os pés, e depositou em suas mãos imundas um farnel.

— Deus o abençoe, irmão — disse o velho sorrindo e voltando para junto de seus animais. — Deus o abençoe!

O velho entregara o que tinha. Mas Alfeu não percebera isso, abrindo instintivamente o farnel e comendo avidamente o pão que havia ali. Um pedaço caiu no chão poeirento e, de joelhos, o outrora orgulhoso hebreu buscou o naco de alimento.

Mais à frente, havia um poço. Aproximando-se, Alfeu sentiu os olhares das pessoas que estavam ali. Suas mãos, permanentemente trêmulas desde o assassinato, não conseguiam firmar a concha de madeira que retinha a água. Uma mulher, acompanhada de um rapaz, ajudou o estranho mendigo, que sorveu aquela água com avidez. Ignorando os dois, depois de satisfeito, Alfeu seguiu para fora do povoado que, certa vez, abrigara Jesus e seus companheiros.

Por dias sem conta, Alfeu viajou pelo deserto. À noite, era atormentado pelo pesadelo do templo destruído e a visão dos corpos. Nas primeiras luzes do dia, parecia ver Jacó estendendo a mão e chamando por ele. Sempre virava as costas. Quando suas forças se exauriam por falta de alimento material, alguma mão anônima lhe estendia água e comida. Silencioso, o filho de Jeremias aceitava a oferenda como que movido por sutil força invisível, mas nunca agradecia.

Chegou, por fim, seguindo pela rota das caravanas, à antiga Antioquia, ao norte longínquo da Judeia. Grande, barulhenta e tema de muitas histórias, a cidade surgiu diante de Alfeu. O homem, surpreso por ter sido levado até aquela distância por seus próprios pés, agora descalços, caiu de joelhos.

— Não irei mendigar dentro desses muros — disse ele, em tom alto, para si mesmo. — Não!

Aquela era a primeira vez que Alfeu ouvia a própria voz. Ela lhe pareceu rouquenha e fraca. Mais uma vez, ele elevou os olhos para os altos muros da cidade antiga. Enquanto estava ajoelhado diante daquela cidade, três soldados hebreus passaram por ele, e um deles parou com um estranho brilho no olhar.

— Mendigo — disse o guarda, um homem de rosto forte — tome esta moeda para comprar algo para comer. Se estiver fraco para entrar na cidade, coma esse pão velho e fique com esse odre. É um vinho ruim, mas vai ajudá-lo.

Agilmente, o guarda estendeu o odre e o pão após jogar a moeda junto aos joelhos de Alfeu. O filho de Jeremias fitou o homem. Devia ter a mesma idade que ele. O assassino, então, percebeu que jamais fizera um gesto como aquele. As mãos magérrimas de Alfeu tomaram o odre meio vazio e o pedaço de pão. Curvando levemente a cabeça, ele virou as costas e seguiu seu caminho.

Roendo o pão duro, Alfeu caminhou ao largo da muralha. Viu um grupo de rapazes se dirigindo para uma vila que havia não muito longe das paredes da cidade. O povoado era um ponto de parada para os viajantes que, muito exaustos, repousavam ali para entrar na cidade com semblante altivo. Era ali também, naquele lugar sem nome, que muitos assuntos escusos eram tramados.

Um homem gordo e agitado, de voz alta, um típico grego, ordenava diversas coisas a seus empregados, que mexiam nas carroças que eram de propriedade do patrão. O homem provocava uma grande correria. Alfeu o observou por alguns minutos. O grego, percebendo algo diferente, divisou por baixo dos arbustos Alfeu o observando. Falando a língua de seus ancestrais, o homem ordenou que seus empregados prendessem Alfeu que, certamente, fora tomado por salteador. Rápidos, os empregados do grego cercaram o mendigo, que mal tinha forças para se levantar.

Fraco, Alfeu não pôde resistir aos três homens que o subjugaram. Um deles, inclusive, possuía feições da raça dos hebreus.

— Ladrão, está a espionar! — disse o israelita, que reconhecera em Alfeu um compatriota. — Vai morrer!

— Sou mendigo! — retrucou Alfeu, com a voz rouca e surpreso consigo. — Pareço capaz de alguma coisa?

Os empregados se voltaram para o patrão, que compreendia a língua dos filhos de Israel. Com um gesto, o grego permitiu que libertassem Alfeu, que caiu violentamente no chão.

— Quer um pão? — indagou o homenzarrão, com sotaque carregado.

— Sim — balbuciou Alfeu, sentindo uma nova pontada de humilhação.

— Terá pão — retrucou o grego, severo — mas antes terá de descarregar estas caixas para o dono da estalagem. Depois comerá — o filho da velha Hélade cerrou os punhos em tom de ameaça. — Se roubar alguma coisa, passará fome no Hades!

Com muita dificuldade, Alfeu ajudou os servos de Alexandre — esse era o nome do feroz grego — a carregar quatro caixas para a estalagem que havia no coração do povoado. O pagamento foi régio. O patrão ordenou ainda que Isidoro, um de seus empregados, enchesse o odre de Alfeu com o vinho que tinham.

— Sabe cuidar de animais, mendigo? — indagou o grego, que percebera que Alfeu, embora magérrimo, possuía constituição física muito forte.

— Não — respondeu Alfeu, com timidez — mas não quero mais viajar sem rumo. Posso aprender.

O olhar de Alexandre percorreu o semblante sofrido de Alfeu. Sabia que o israelita fugia de alguma coisa. Já tinha visto o suficiente no mundo para saber disso. Mas não se importava. Nascera escravo e foi um gesto como aquele, que estava disposto a repetir com o estranho, que o tirara da miséria. Se, porém, fosse traído, Alexandre o mataria com a mesma crueldade que dedicava a seus rivais comerciais. Não seria a primeira vez que trucidava um escravo, se isso viesse a acontecer.

Assim, Alfeu, que era chamado pelos empregados do grego de Poeira, foi levado por Isidoro, ex-escravo e originário da cidade de Pafos, até a fazenda onde o comerciante vivia quando não estava viajando a negócios. O administrador, outro grego chamado Evandro, vivia ali com sua família.

O administrador recebeu, a contragosto, a ordem do chefe e informou a Alfeu que ele ocuparia o casebre próximo ao local onde mais de uma centena de cabras e ovelhas vivia.

— Não faça besteira, Poeira — disse Isidoro. — O último cuidador morreu anteontem. Foi pego roubando.

Alfeu não ouviu aquilo. Em seus ouvidos reverberam as palavras finais de seu irmão. Pondo as mãos na parede rachada de sua nova morada, a primeira em meses, o hebreu aspirou o ar fétido do lugar.

— Por aqui já se ouviu falar de um certo Jesus de Nazaré?

— Não que eu saiba — respondeu Isidoro.

Alfeu, com a face oculta pela sujeira, esboçou um sorriso que, aos olhos do outro, pertencia a um louco.

CAPÍTULO 10

Mais limpo, porém, ainda trajando farrapos, Alfeu passou a lidar com o grande rebanho de Alexandre. Nada sabia sobre aquele ofício, mas as lembranças do que vira em Jerusalém a respeito da lida com aqueles animais o ajudaram bastante. Evandro mantinha ainda outro tratador, um antigo escravo egípcio que o patrão trouxera da terra dos antigos faraós. Era chamado de Bode, pois seu nome era de difícil pronúncia, e Isidoro o batizara da mesma forma como fizeram com Alfeu, que se tornara Poeira.

O velho apareceu para Alfeu e deu orientações básicas, confirmando algumas que ele já sabia e outras que eram completamente diferentes do que o rapaz imaginara. Bode não perguntou nada a Alfeu, mas parecia divisar no novo companheiro grande amargura.

Alfeu, a partir daquele dia, mantinha os cães vadios e os lobos longe do rebanho. Ele usava um velho cajado que encontrara, e passava os dias em meio aos animais, imerso em recordações de sua família mutilada. A ferida em seu coração pela morte de Jacó era aumentada pela saudade da esposa e do filho. Tampouco, os pesadelos arrefeciam.

Cumpria, porém, seu trabalho com rigor e disciplina, e Evandro, ao final de duas semanas, cumprimentou Alfeu com franqueza.

— É sabido que você nada conhece do trato de cabras e ovelhas — disse o encarregado. — Mas faz o possível. Alexandre deve ter visto algo diferente em você, isso sim!

No entanto, Alfeu nunca ia à sede da fazenda, nem saía dos domínios que devia guardar. Preferia que Bode fizesse isso. O filho de Jeremias caminhava descalço desde que fugira de Jericó, e uma tira de tecido permanecia atada à cabeça. Lavava-se rapidamente no riacho onde os animais bebiam água, e o tremor de suas mãos aumentava à medida que a noite, cheia de cruéis pesadelos, se aproximava.

Alexandre, que não foi mais visto por Alfeu, numa tarde de inverno, mandou chamar seu empregado. O filho de Jeremias suspirou diante do pequeno Caio — uma das crianças de Evandro — e seguiu para a casa que ficava sobre a colina, que o grego comprara havia alguns anos. Aquela construção, observou o antigo soldado, poderia aguentar por bastante tempo um cerco se isso, um dia, viesse a acontecer.

Quando Alfeu chegou, encontrou Alexandre sentado em sua bela cadeira, mais parecida com um trono. O grego conversava em tom baixo com Evandro e um senhor idoso, provavelmente de Antioquia. O ancião, com as vestes sacerdotais dos filhos de Israel, ao se virar para o recém-chegado, o fez tropeçar e estremecer ainda mais. Com um filete de suor correndo por seu rosto, Alfeu acreditou ter sido descoberto.

— Poeira, meu bom pastor — disse Alexandre, desviando sua atenção dos negócios —, soube que é um homem esforçado. Perdeu dois cabritos no parto por incompetência, mas tem salvado uma grande quantidade dos meus animais dos dentes dos cães selvagens. Para mim, está bom. Habilidade se desenvolve. Daqui a algum tempo, será o melhor parteiro de cabras que este mundo já viu!

A estrondosa gargalhada de Alexandre ecoou pelo salão. Aquilo incomodava Alfeu, parecia falta de caráter. Jamais acreditara em homens que gargalhavam. Mas não se importou muito, pois sua preocupação estava toda depositada no sacerdote presente. Bebendo sofregamente uma grande caneca de vinho, o grego fitou seu pastor com firmeza.

— Você veio da Judeia, não? — indagou o senhor.

— Sim — murmurou em resposta o filho de Jeremias, surpreso por aquela pergunta direta. — Vim de lá.

— Que bom que não mentiu — retrucou Alexandre, severo. — Sei quando mentem para mim. Sei disso pelo seu sotaque. Até pelos trapos que veste. Não me importa quem você matou lá, desde que não mate aqui — o grego se mexeu em seu cadeirão. — Você já ouviu falar de Jesus, o Galileu?

Aquele nome. Novamente Jesus. Arregalando os olhos, Alfeu abriu a boca. O suor brotou com mais intensidade em seu rosto queimado pelo sol. Alexandre de Atenas, diante da reação do servo, abriu um largo sorriso, dando-lhe uma aparência lupina. Evandro e o estranho ancião deram um passo à frente.

— Jesus era um blasfemador — disse Alfeu, forçando a voz. — Dividiu famílias, mesmo morto. Seus asseclas levaram seu corpo da tumba para afirmarem que ele voltou dos mortos.

— Veja, meu bom Miqueias — riu Alexandre para o velho sacerdote. — Não lhe disse que esse antigo soldado não pode resistir a uma ordem bem dada? Eis o que queria saber desse Jesus. Não há com o que se preocupar. Um blasfemador morto!

— Mas muitos falam que ele andou com os vivos depois da crucificação — retorquiu o velho, apertando os dedos, estalando-os. — A fama de curador desse nazareno já chegou aqui! Por todos os lados se ouve falar do Crucificado! — Miqueias se virou para Alfeu. — Você o viu?

— Só quando ele foi arrastado pelas ruas para a morte! — disparou Alfeu com mordacidade.

— Por que está longe de casa? — perguntou o sacerdote da sinagoga de Antioquia.

— Minha mulher me abandonou — mentiu Alfeu — fugiu.

— Os guardas do templo de Herodes a teriam encontrado e feito justiça — disse Miqueias alisando a barba. — Não procurou Caifás?

— As desordens feitas por Jesus tomaram conta dos pensamentos de todos — volveu Alfeu —, e eu estava enlouquecido pela vergonha.

— Sim, foi desastroso esse período — divagou em voz alta o ancião — nossos soldados fracassaram em evitar o escândalo.

Alfeu apenas fitou o rosto severo de Miqueias. Era um homem da estirpe de Caifás. Com um gesto, Alexandre dispensou Alfeu. Quando o hebreu estava prestes a cruzar a porta, a voz arrastada de Miqueias o impediu.

— Qual é seu nome? Sem dúvida não é Poeira.

— Sou Elias, filho de Judas — respondeu Alfeu, esforçando-se para não se trair.

— Pode ir — permitiu o velho, piscando.

Alfeu saiu. Mas seus pés estancaram atrás de uma pilastra. Seu coração estava acelerado. Suas mãos trêmulas agarraram as pedras da coluna. Ouviu um novo encher de caneca enquanto o sacerdote pigarreava.

— Seus negócios terão êxito, Alexandre — disse Miqueias. — Não se preocupe, os preços estão muito favoráveis.

— Sim — concordou o grego. — Minhas especiarias agora chegam a Roma! Fico cada vez mais gordo e rico! Meu irmão também — Alexandre fitou o amigo. — Por que você está intimidado com esse esfarrapado Jesus, morto ou vivo?

— Há relatos de maravilhas por parte desse galileu — volveu o sacerdote. — Cada vez mais ganha seguidores. Eles pregam nos templos, nas plantações e nas ruas! Afirmam que cegos voltam a enxergar! Tudo em nome de Jesus de Nazaré. Alguns indivíduos deixam de dar dinheiro à sinagoga para ajudar os mendigos. Um absurdo!

— Os cegos voltam mesmo a enxergar? — indagou Alexandre, alisando os cabelos encaracolados com alguns poucos fios grisalhos.

Houve silêncio. Alfeu apenas esperou. De repente, um estalar de ossos, e Miqueias se moveu. Despediu-se de seu amigo e passou por Alfeu sem notá-lo.

— Poeira — grunhiu Alexandre, depois que o sacerdote se fora —, venha cá.

Alfeu se apresentou. Seu rosto estava vermelho. Engolindo em seco, ele se aproximou do patrão. O olhar do grego era severo, e Evandro olhava para o chão. Pondo a caneca no braço da cadeira, Alexandre se ergueu. Parecia uma montanha humana. Era um homem de muita força física e espantosa inteligência.

— Você enganou o velho — disse ele ao empregado — não a mim. Se você tivesse mentido para mim, soldado, eu o teria matado e arrancado sua cabeça feia com as mãos.

Alfeu nada disse. No entanto, sustentou o olhar. Respirou fundo e trincou os dentes. Alexandre, percebendo isso, sorriu.

— Não me importa o que você roubou, soldado — disse o grego.

— Não roubei — falou Alfeu.

— Então matou — volveu Alexandre. — Matou quem não devia.

Alfeu baixou a cabeça enquanto Alexandre ria. Evandro nem parecia existir ali. Pegando novamente a caneca, o patrão sorveu um longo gole.

— Poeira — disse ele —, conheceu esse Jesus, não foi? Não repita que ele era um blasfemador.

— Eu era um dos guardas encarregados de prendê-lo — respondeu Alfeu.

— Prendeu Jesus quando estava vivo — gargalhou Alexandre, sujando sua túnica com o vinho — ou quando estava morto?

A risada de Alexandre ecoou pela casa. O grego deu dois tapinhas nos ombros magros de Alfeu, que balançou ante a grande força do outro, sob os olhares estupefatos de Evandro.

— Um fracassado expulso do orgulhoso templo de Herodes! — exclamou o comerciante. — Logo vi que era um soldado, pelo seu porte, debaixo da poeira do deserto.
— Sou um homem muito forte, Poeira, mas foi minha inteligência que me libertou dos grilhões que prendem os verdadeiros fracos deste mundo! Não me importa o que você tenha feito, mas sim como me serve. Entendeu?

— Sim — respondeu o hebreu.

— Saia e não fique mais ouvindo a conversa de homens de bem! — ordenou Alexandre se virando para o administrador, que buscava alguns pergaminhos contendo outros negócios.

65

CAPÍTULO 11

Novamente humilhado, Alfeu retornou ao seu posto junto às cabras e ovelhas. Naquela noite, como sempre, seus pesadelos o levaram para o templo banhado de sangue. Jacó sorria para ele com os braços estendidos, como em todas as manhãs.

— Deixe esse templo de horror, irmão — disse Jacó. — Faça, dentro de si, um templo de luz, como nosso Deus assim o deseja!

Suando, Alfeu abriu os olhos. O cheiro dos animais já não o incomodava havia muito tempo. Saindo pela noite estrelada, o filho de Jeremias chorou amargamente. Subitamente, lembrou-se de Judas Iscariotes e seu fim tenebroso. Despindo-se, o antigo soldado fez uma corda com as vestes. Usaria o caibro da choupana. Acabaria com seu sofrimento de uma vez por todas. Realizando as amarrações necessárias, Alfeu pôs o laço no pescoço. Seu corpo tremia violentamente. A voz de seu filho Jeremias ecoou em seus ouvidos. Era o filho que tanto amava e que abandonara havia um ano: "Jesus ensina que o amor cura todas as feridas".

Aquelas palavras de Jacó vieram junto com a brisa fria da noite, fazendo-o se virar para trás. Tirando o laço do pescoço, Alfeu cerrou os punhos e saiu tomado pela fúria.

— Jesus, eu o renego! — gritou o israelita para o nada. — Saia de meus pensamentos, Jacó! Que você permaneça no sono até o fogo cair do céu!

Dizendo isso, desistiu de seu mórbido intento. Insone, Alfeu seguiu para o trabalho, e os pobres animais sofreram com suas pancadas e seus xingamentos. Por conta disso, quase fez o rebanho se dispersar.

Mais tarde, Isidoro ordenou que Alfeu abatesse cinco jovens carneiros para uma lauta refeição na casa de Alexandre, pois a família chegaria da cidade de Pafos. Obediente, o homem fez o que lhe foi ordenado, desejando sangrar Jesus no lugar dos animais enquanto os abatia com a ajuda de Bode, igualmente silencioso.

***

Novamente, os dias correram velozes. Cada vez mais atormentado, Alfeu era visto pelos outros empregados falando sozinho. Falava com alguém chamado Caifás. Evandro, homem sensato, acreditava que problemas viriam em breve por conta da conduta do empregado e pedia a Bode que mantivesse atenção redobrada. O silencioso egípcio assentia.

No entanto, nenhum gesto intemperado vinha de Alfeu. Quando o antigo soldado se aproximava para dar conta dos animais ou para receber o pagamento, sempre em alimentos conforme ele próprio preferira, era sempre quieto e falava somente quando interpelado. Mas as crianças riam e diziam que Poeira falava com seu pai, o vento.

Em uma noite, após guardar os animais, Alfeu foi até o depósito. Levava uma gorda ovelha, que seria abatida pelo pessoal de Evandro na manhã seguinte. O administrador o observou atentamente, enquanto o cumprimentava.

— Elias — disse Evandro, chamando assim o filho de Jeremias pela primeira vez —, por que você não vai à vila ou mesmo a Antioquia?

— Não quero, senhor — respondeu Alfeu.

— Um homem não pode viver só — retrucou o administrador. — Estou certo de que os animais lhe são companhia, mas...

— Quero ficar só, senhor — interrompeu bruscamente o homem.

Isidoro, que ouvira a conversa, bufou. Balançando a cabeça, pegou o laço que prendia a ovelha e a amarrou em um poste. Estendendo uma braçada de pães, Isidoro a entregou ao empregado, que já tinha visto os outros mantimentos que levaria.

— Lembra-se do sacerdote Miqueias? — indagou Evandro, tentando disfarçar o incômodo pelo mau cheiro de Alfeu.

Com um aceno de cabeça, o outro assentiu. Um frio percorreu sua espinha.

— Ele me disse que um grupo de nazarenos está em Antioquia — falou o administrador, com indiferença — pregando as palavras do profeta Jesus dentro do templo.

— O quê! — exclamou Alfeu, deixando os pães caírem.

— Cuidado, Poeira! — ralhou Evandro. — Sei que esse bando não o agrada, mas minha esposa fez bons pães para você!

O peito de Alfeu ardia. Subitamente, os companheiros de Jesus surgiram à sua frente. Vira os apóstolos no Jardim das Oliveiras, quando foi prender o nazareno. Tinha-os esquecido por alguma razão. Um a um, o rosto daqueles que tinham roubado o corpo do blasfemador aparecia diante de seus olhos eternamente cansados. Tudo que perdera, pensou o filho de Jeremias, não fora por causa de Jesus, unicamente. Mas, sobretudo, pelas ações dos companheiros dele.

— Não faça besteira, Poeira — disse Evandro, imensamente arrependido de ter dado aquela notícia ao empregado. — Lembre-se de que Alexandre pode matá-lo! Você deve ser leal a ele por livrá-lo da morte certa!

— Matar-me? — sorriu Alfeu. — Como se mata um soldado de Deus? Tenho que abrir caminho para o verdadeiro Messias!

— Do que está falando? — indagou o outro, ficando assustado com o brilho sinistro no olhar do israelita.

Ignorando Evandro, Alfeu pegou os pães. Fitou novamente o superior, que lhe tratara com justiça, e saiu. Um novo propósito estava em sua mente. A passos largos, retornou para seu casebre.

Além dos pães e do odre, levara outro pertence: um punhal que recebera do administrador para abater os animais, que brilhava de forma sinistra à luz do dia.

CAPÍTULO 12

Sabendo que Alexandre viria em seu encalço, Alfeu procurou desviar-se dos caminhos mais usuais. Naqueles três anos que permanecera ali, aprendera muitos caminhos, mas ainda não era páreo para algum rastreador que conhecesse bem a região. Por duas noites, permaneceu escondido junto a uma formação rochosa, não muito longe da propriedade. Sabia que não iria longe enquanto estivesse sendo caçado, e esperava que logo o grego desistisse. Afinal, não lhe trouxe prejuízo algum.

O pão rendera bem. Tinha sempre seu odre cheio, e Alfeu o mantinha com disciplina para que a sede não o afligisse. Por fim, o filho de Jeremias abandonou o esconderijo e tomou a direção de Antioquia, com pensamentos sinistros.

Passando na vila para reabastecer-se de água, Alfeu percebeu que muitos soldados romanos estavam ali, certamente de partida da grande cidade e pararam para reforçar as provisões de água. Escondido, o homem esperou que a força opressora fosse embora.

Mais tarde, já reabastecido, Alfeu esperou o dia chegar para entrar na cidade. Caminhava de porte altivo, apesar dos farrapos.

Finalmente, dentro de Antioquia, procurou saber onde era a sinagoga. Desempenharia o plano que traçara. Buscando Miqueias, tentaria uma aliança contra os galileus. Passando por egípcios, gregos, romanos e outros povos, Alfeu encontrou o altivo templo dos hebreus. Ele viu três homens de vestes simples falando sobre os ensinamentos de Jesus para um grupo de oito pessoas que, atentamente, o ouviam.

— Bem-aventurados os que estão sedentos de justiça, pois serão saciados — anunciava um homem calvo e de longa barba. — Assim disse Jesus em Jerusalém! A verdadeira justiça, irmãos, é a de Deus. A justiça da terra é uma mera sombra!

Aquele homem dizia outras coisas, mas Alfeu não prestou atenção. Buscava o rosto severo de Miqueias ou o de qualquer outro sacerdote. Passando ao largo do grupo, o antigo soldado entrou no templo.

— Tem fome, meu irmão? — indagou uma voz serena.

Alfeu se virou e se deparou com um jovem que lhe sorria com um pão estendido. Os dois homens se encararam, surpresos. Saul abaixou o alimento e abraçou o antigo companheiro de serviço.

— Alfeu! Graças a Deus! — exclamou Saul, mais magro e com a barba e os cabelos mais longos e queimados pelo sol.

— Solte-me! — ordenou o outro, livrando-se do abraço. — O que faz aqui?

— Não pude viver como antes — disse Saul, sorrindo. — Agora conheço a felicidade! Oh, meu amigo...

— Está louco? — retorquiu Alfeu. — Não sou seu amigo.

Saul fitou Alfeu. Não reconhecia no orgulhoso oficial do templo o homem de antes. Encolhendo-se, o rapaz engoliu em seco diante do outro, que estava esfarrapado e de semblante enlouquecido.

— Onde estão os sacerdotes? — perguntou Alfeu em tom de comando.

— Estão aí dentro — respondeu Saul. — Conversam entre si depois do debate de hoje.

— Que debate? — volveu o outro.

— Entre Miqueias e Simão Pedro — prosseguiu Saul — uns dizem que Pedro venceu, mas nós não vemos assim, pois quem venceu, na verdade, foi Jesus. O próprio sacerdote, ao que me pareceu, concordou com alguns pontos do discípulo do rabi da Galileia.

"Simão Pedro. Esse era o homem que defendera Jesus com uma espada", pensou Alfeu. "Sem dúvida, ele roubara o cadáver de Jesus e espalhara as mentiras. Matando o chefe dos blasfemadores, o movimento ficaria fatalmente ferido".

— Onde está Pedro? — indagou Alfeu, se aproximando de Saul, e sua voz não conseguia esconder a maldade de seus pensamentos.

O jovem olhou para os lados. Sentia a ameaça de Alfeu. Sabia que algo terrível acontecera com o antigo companheiro de armas e temia por ele.

— Pedro está curando, Alfeu — respondeu Saul depois de um momento em que pedira orientações do Alto. — Ele está pela cidade toda — o jovem pôs sua mão direita sobre o ombro do antigo soldado: — deixe a guerra de lado, irmão. Não vê que está sofrendo?

— Eu sofro sim — balbuciou o outro.

— Então, permita-nos ajudá-lo em nome do Mestre — argumentou Saul, sorrindo.

— Eu sofro por conta de blasfemadores, que me tiraram tudo — retrucou Alfeu, agarrando o pescoço de Saul e o apertando contra a parede. — Onde está Pedro?

Saul não tentou se debater, nem pedir ajuda. No lado de fora, o homem continuou a pregação a respeito dos ensinamentos de Jesus. Por mais que Alfeu apertasse, Saul não cedeu. Por fim, os dedos do filho de Jeremias afrouxaram, e Saul respirou largas golfadas de ar.

— O Messias virá com espada e fogo — sentenciou Alfeu, quase num rosnado.

— O Messias veio, esteve conosco e não portava espada — retrucou Saul, com esforço —, somente as mãos para ajudar o sofredor a caminhar. O Messias usava as mãos nuas para curar almas!

— Esse falso Messias foi morto como um ladrão — insistiu Alfeu.

— O Messias voltou do túmulo, esteve conosco novamente e nos deixou mais lições — prosseguiu Saul, com uma estranha força na voz. — Está no Reino dos Céus, nos inspirando a levar sua boa-nova para a redenção do mundo — pondo suas mãos no peito de Alfeu, Saul aparentou ter mais altura do que o antigo comandante. — O Messias não veio somente para os filhos de Israel, mas para libertar o mundo!

— O cadáver de Jesus foi roubado, Saul — insistiu o filho de Jeremias.

— Eu vi Jesus — disparou o jovem. — Caminhei ao Seu lado! Quando fomos transferidos, resolvi abandonar tudo! Quando encontrei Filipe, um dos companheiros do Mestre, fomos para a Galileia, e ele estava lá, nos esperando! — Saul, sorrindo, tomou as mãos do homem que certa vez o espancara. — Eu vi Jesus comer, beber, falar. O Rabi me abraçou, como a tantos outros, Alfeu. Tanto não estou louco, como dezenas de outros viram, comeram e falaram com Mestre!

— Quando era criança, certa vez — retrucou Alfeu —, meu pai me levou para ver um mágico. Esse mágico fazia as pessoas verem o que ele queria. Meu pai me ensinou que tudo feito pelos homens pode iludir. Somente Deus não ilude!

— Você viu Jesus curar a orelha de Malco — volveu Saul, com calma.

— Ilusão — retorquiu o outro.

— Ilusão com sangue? — continuou o jovem. — Difícil. Lembre-se de que surpreendemos a todos, e não teriam tempo para preparar embustes.

— Farsantes sempre andam preparados — insistiu Alfeu.

— Os homens de bem também — Saul soltou-se de Alfeu. — Malco é um homem transformado.

Alfeu recordou que, depois de ter sido dispensado, o comandante dos soldados não fora mais visto.

O antigo soldado se lembrava bem do corte na orelha direita que Pedro desferira em Malco e sabia que para exercer qualquer cargo no Sinédrio não é permitido nenhum defeito físico, e tal ferimento poderia tirar o orgulhoso Malco de sua prestigiada cadeira naquela organização. A tradição rezava que o comandante da guarda do templo, ofício sagrado, detinha imenso poder e, em muitos casos, agia como vice sumo sacerdote. Era essa a grande cobiça de Alfeu, embora fosse das esferas mais baixas.

— Malco atualmente viaja pelas terras levando a palavras do Mestre Jesus — disse Saul, plácido. — Um homem renovado em sua alma.

Alfeu, sem palavras, deu alguns passos para trás. "Que poder era aquele que dera tamanha força a Saul? Que vibração era aquela nas palavras do outrora tímido soldado?", pensou o homem colérico.

O filho de Jeremias fitou o outro, que se mantinha altivo, como que envolvido por muda mas poderosa autoridade.

— Você quer ver Pedro? — indagou Saul, estendendo novamente sua mão. — Irei levá-lo até ele.

CAPÍTULO 13

Pouco depois, Alfeu acompanhou Saul pelas ruas agitadas de Antioquia. O ex-soldado percebeu que seguiam para a região mais pobre da cidade, repleta de prostíbulos, barracos e mendigos. O mau cheiro era opressor. Saul, sorridente, cumprimentava algumas pessoas. Nem de longe lembrava o menino que tentava se impor pela sisudez e brutalidade.

Chegaram, por fim, a um grande sobrado quase arruinado. Dois velhos estavam sentados no chão, ladeando a entrada. Eles se levantaram e cumprimentaram o amigo e também o silencioso Alfeu que, com a ponta dos dedos, verificava sua pequena faca oculta pelos farrapos.

Dentro do casebre, havia uma grande mesa, com jarras de vinho, pão e queijo velho à vontade. O estômago de Alfeu roncou.

— Estou com fome — disse Saul, cheio de compaixão e conhecedor da vaidade do antigo companheiro. — Vou comer. O senhor me acompanha?

— Onde está Pedro? — indagou, de forma arrogante, Alfeu.

— Certamente, levando conforto a alguém — respondeu docilmente o outro. — Vamos esperá-lo, porém, de barriga cheia.

Alfeu contemplou o alimento de seus inimigos. Em silêncio, viu Saul orar com tamanho fervor que pareceu que ele tinha outro aspecto, mais nobre. Nem mesmo assim, faminto, o filho de Jeremias tocou na comida, para desapontamento de seu antigo companheiro.

Mais tarde, quando o candeeiro foi aceso, ouviu-se o abrir da porta. Dois homens entraram no recinto, e Alfeu levantou-se do banco onde ficara remoendo pensamentos funestos, enquanto Saul corria para abraçá-los. Um dos homens, o segundo a entrar, foi reconhecido imediatamente por Alfeu. Estava com mais entradas na cabeça, denunciando irrevogável calvície e muitas mechas prateadas na barba cheia, mas a força dos homens do Mar da Galileia ainda era visível no homem que havia defendido seu mestre com ferocidade desmedida. O filho de Jeremias estava diante de Simão, chamado de Pedro por Jesus.

— Que a Paz esteja convosco — disse Pedro aos presentes naquele humilde lar.

Os dedos de Alfeu tocaram o punho da faca. Seria fácil para ele cravá-la na garganta do homem que roubara o cadáver de Jesus. Quando, finalmente, iria executar seu grande plano, o galileu se voltou para ele com o semblante grave.

— É você o irmão que tem me procurado? — perguntou o líder, com um olhar enigmático.

Alfeu baixou os braços ao longo do corpo. Certamente, pensou ele, Saul encontrara uma forma de avisar ao líder que um homem, inimigo declarado, estava à sua procura, e Pedro veio para enfrentá-lo. Alfeu notou que os homens ali presentes perceberam a intenção dele.

— Não precisa, ainda, puxar o punhal que está aí com você — disse Pedro se aproximando de Alfeu, enquanto os outros se alarmavam. — Depois, se o quiser, faça. Antes, porém, quero lhe falar.

— Suas palavras não me seduzirão, blasfemador — rugiu Alfeu, de punhos cerrados. — Não sou um tolo desesperado!

— Tolo não, com certeza — disse Pedro, com firmeza — mas desesperado o é! Eu, durante muito tempo, fui um desesperado como você!

Alfeu conseguiu reunir coragem para sacar a faca. Suas mãos trêmulas sacudiam-na com a força de seu desespero. Seus olhos estavam injetados de fúria. Pedro rasgou a túnica evidenciando o peito desprotegido. Os homens ficaram imóveis, tamanho o desespero que se instalou. Erguendo a lâmina, Alfeu gritou, contudo, a faca não foi em direção ao heroico pescador de almas, indo pender ao lado da coxa do agressor.

— Pegue uma arma, blasfemador — ordenou Alfeu.

— Uma vez, tomei uma espada — disse o amigo de Cristo — foi o início de minha redenção. Não preciso mais dela, irmão.

— Não sou seu irmão! — gritou o outro.

— Somos filhos de Deus — disse Pedro, perto o suficiente para sentir o hálito do homem que viera matá-lo. — Logo, você é meu irmão. Faça comigo o que quiser, irmão!

O olhar sereno do antigo pescador de Cafarnaum em nada lembrava o belicoso companheiro de Jesus, que sozinho enfrentara um destacamento de guardas armados para salvar o Mestre. Pedro, mais baixo do que Alfeu, pôs a mão sobre a do filho de Jeremias, que portava a arma e que tremia convulsivamente.

— Deixe de sofrer, irmão — disse o galileu. — Quanta coisa você perdeu por conta do ódio e do rancor!

— Jesus... — balbuciou Alfeu, com os olhos rasos de lágrimas.

— Nada fez de mal a você — interrompeu o outro. — Você causou seu próprio tormento.

— Meu irmão morreu em nome Dele — disse Alfeu.

— Pela sua mão, é verdade — retrucou o líder — e muitos outros irão perecer em nome do Rabi da Galileia por conta da vaidade!

A faca de Alfeu caiu ruidosamente no chão duro daquela casa perdida na Antioquia. O antigo soldado do templo de Herodes se afastou. Seu corpo tremia e sua cabeça girava.

— Fui um servo muito incompetente — disse Pedro. — Eu estava com Jesus em todas as coisas maravilhosas que Ele fez. Mas eu falhei com o Mestre — o humilde hebreu suspirou, e lágrimas surgiram em seus olhos escuros, grandes e luminosos. — Falhei na cura aos doentes, a caminhar sobre as águas. Falhei em manter a mansuetude de meus pensamentos e minhas ações. — O galileu, então, suspirou e fitou o teto da casa. — Eu traí Jesus de Nazaré dormindo na vigília dele e depois o negando.

— E ainda assim você diz que é seguidor dele — retrucou Alfeu.

— Hoje, sim, eu sou seguidor de Jesus Nazareno — assentiu Pedro — mas antes, sei bem disso, eu era um mero acompanhante de viagens. Somente quando o Mestre foi para a cruz infamante que entendi a missão Dele! Foi então que Simão, o pescador rude, morreu, e nasceu Pedro, o humilde servo do Senhor.

Pedro então se adiantou a Alfeu e pôs suas mãos nos ombros dele. O irmão de Jacó fixou seu olhar nos olhos do outro. Não via ali nada além de determinação.

— Eu precisei falhar em todas as minhas provas, enquanto o Mestre estava conosco, para me fortalecer. Estava, sem perceber, forte quando ele se foi para junto do Pai — continuou Pedro. — Se fosse o contrário, teria tombado. Você encontrará em sua dor a força para vencer.

— Ainda assim, você roubou o corpo dele — disparou Alfeu.

— Não precisei — retrucou Pedro, sorrindo. — Na época, estava apavorado, escondido. Mas tudo se resolveu como ele havia predito. Você, sendo levita, devia conhecer as Escrituras.

— Como você sabe tanto de mim? — indagou Alfeu.

— Apenas sei, meu irmão — disse Pedro. — Eu busco orientação no Mestre, e ele me diz o que preciso saber.

Pedro, então, soltou Alfeu de suas mãos firmes e ofereceu a ele um pedaço de queijo velho. O antigo soldado olhou o alimento cheio de suspeita. Sua fome era grande, e suas mãos levaram o queijo à boca enquanto o galileu enchia uma caneca de vinho aguado. O antigo soldado não havia percebido que suas mãos, após longos anos de sofrimento, não tremiam mais.

— Coma, meu irmão — disse Pedro —, e descanse. Amanhã, se quiser, me mate.

CAPÍTULO 14

A casa onde estava Alfeu se encheu de toda a sorte de pessoas. Um dos idosos, do lado de fora, chamado Simão, era o dono. Outras pessoas chegaram e comeram, sem que ninguém perguntasse de onde vinham e para onde se dirigiam. Silas, o homem que pregava na sinagoga quando o filho de Jeremias lá chegara, entregou a um menino, que surgira de algum lugar, um farnel cheio de pão velho. Pedro, antes de se deitar para dormir, proferiu sentida prece sob o olhar de Alfeu, que guardara a faca em sua cintura, à vista de todos.

Pela primeira vez, em anos, Alfeu não teve pesadelos. Em seus sonhos viu apenas nuvens em um profundo céu safírico.

***

Pouco antes do amanhecer, Alfeu despertou. Sentia-se leve e observou suas mãos ossudas e irreconhecíveis. Notou que Pedro não estava deitado junto aos outros, como se lembrava de tê-lo visto na noite anterior. Pondo-se de pé, o filho de Jeremias encontrou a porta entreaberta e saiu do velho sobrado. Pedro estava do lado de fora e o cumprimentou.

— Quero caminhar — disse o antigo pescador. — Nunca apreciei muito as grandes cidades, quero sentir o ar livre! Quer vir comigo?

Em silêncio, os dois homens caminharam. Estava frio, e as ruas, desertas. Os primeiros raios de luz saudavam aquele canto do mundo quando Pedro e Alfeu cruzaram um dos portões de Antioquia. De braços erguidos, o discípulo de Jesus fez uma prece.

— O Mestre sempre falou em novas chances de recomeço — disse o antigo pescador. — Se não fosse por essa verdade, eu estaria perdido.

— Não entendo — disse Alfeu, com franqueza.

— Na época, eu entendia pouco — prosseguiu o outro. — Se naquele tempo eu tivesse a sabedoria que tenho hoje, mas aconteceu como deveria ser. Deus, segundo o que o Mestre dizia nas tardes quentes, entre um povoado e outro, tem planos para nós — o líder dos nazarenos sorriu. — Certa vez, Jesus disse que seríamos deuses, em uma incompreensível união com o Pai, da mesma forma que Ele tinha com Deus! Eu achei uma provocação, uma blasfêmia... — o galileu balançou a cabeça, fitando o ermo.

Alfeu, intimamente, concordava integralmente com aquela última frase.

— Mas eu vi, meu irmão Alfeu — continuou o outro —, aleijados andarem. Abracei pessoas que estavam tomadas pela lepra e que hoje caminham por aí, curadas de corpo e alma — Pedro mostrou suas mãos duras — e Jesus nos ensinou como fazer! A fé, Ele mostrou, liberta! Liberta o corpo, porém, a libertação da alma é o que nos aproxima de Deus!

— Suas palavras são de difícil compreensão — proferiu Alfeu, alisando a barba escura.

— "Buscai e achareis"[1], disse o Rabi — prosseguiu Pedro. — Meu irmão, para ter fé, é necessário despir-se do tirano que reina dentro de você com vaidade. Somos herdeiros de Deus, mas temos que seguir os ensinamentos sublimes!

— Quais são? — indagou Alfeu, sem nada compreender, mas gravando em sua memória cada palavra.

— Faça ao outro o que gostaria que ele lhe fizesse — respondeu Pedro. — O bem suplanta o mal. No seu caso, irmão, você precisa se perdoar. Seu irmão está com o Senhor, ele não necessita do seu perdão, porque ele acreditava na Verdade trazida por Jesus. Eu sinto isso! Mas você, que está aqui imerso no inferno que criou dentro de si, precisa se ajustar, quebrar a roda de tristeza.

— Nada disso faz sentido para mim — falou Alfeu com franqueza. — Ainda quero matar você.

— Eu sei — retrucou o outro. — Mas você não consegue, não é?

— Sim, não consigo — sentenciou o antigo soldado.

— O Mestre me disse que eu sofreria muito — asseverou Pedro — mas chegaria à velhice avançada. Jesus falou de minha morte.

— O que será de minha vida, Pedro? — indagou Alfeu, com a voz amarga.

— Será aquilo que você fizer dela — respondeu Pedro, com confiança. — Assuma a responsabilidade do que fez perante sua consciência. Mude de estrada! Sugiro um novo caminho chamado Jesus. Continuar nessa seara não o fará menor aos olhos de Deus, nosso Criador. Pelo contrário. Pense nisso!

— Você faz parecer fácil — retrucou o outro.

— Não é fácil — asseverou o galileu —, é muito difícil mudar nosso coração. Eu sempre fui um homem convicto.

---

[1] Mateus 7:7

Acreditava somente nas coisas que meus dedos podiam alcançar. Deus era algo distante, embora cumprisse os ritos de nosso povo. No fundo, sei hoje, eu não acreditava em Deus — o antigo pescador de Cafarnaum suspirou. — Jesus mudou tudo. Ensinou-me sobre o perdão e iluminou-me o caminho para a humildade. Mas, confesso, sou feito de carne. É difícil lidar com outros irmãos que caminham conosco. Tendemos a acreditar que Jesus era exclusivo nosso. Por isso, em cada fôlego que tenho, uso para me modificar para o que o Mestre nos estimulou a ser. A luta, portanto, é diária. Mas uma coisa lhe digo, Alfeu, cheio de certeza: se você se empenhar, Jesus, do Alto, se empenha também, e sua vida se transforma para melhor. Antes, eu vivia tomado por uma fúria inexplicável. Agora, com todas as minhas dificuldades morais, tenho um propósito de me melhorar, criando condições para que outros se melhorem, e isso me abranda o espírito.

Antioquia despertava. As vozes da gente assomavam-se sobre as ruas. Pedro e Alfeu retornaram para a casa de Simão e encontraram todos despertos. Saul estava visivelmente preocupado, certamente tomado por ideias sombrias a respeito do que Alfeu teria feito com o nobre amigo.

— Alfeu ainda não decidiu se vai me matar — disse Pedro ao grupo, com certo bom humor. — No entanto, ele não me aprisionou. Meus irmãos, temos muito a fazer hoje.

Pedro orientou as atividades que seriam realizadas naquele dia. Silas, solícito, retornaria ao templo. Joaquim e Josué acompanhariam Pedro na visita aos enfermos que viviam não longe dali. Saul iria com o velho Simão e seu primo Tadeu para a vila. Todos assentiram com a decisão do líder, que proferiu sentida prece, e, então, os homens saíram apressados.

— Vamos? — convidou Pedro a Alfeu, enquanto abençoava os companheiros. — Você tem que garantir que eu não fuja.

83

Em silêncio, Alfeu assentiu. Parecia que o galileu estava tomado pelo bom humor. Enquanto caminhavam pelas ruas, acompanhados pelos jovens Joaquim e Josué, Pedro contou algumas histórias de Jesus. Confessou ainda, o nobre missionário, que precisavam arranjar trabalho remunerado para custear as despesas com alimentação.

O grupo chegou à casa de um homem chamado Jesus, cuja esposa estava doente havia dias. Com reverência, Pedro ouviu o relato do esposo, jovem ainda. Alfeu reconheceu naquele homem o soldado que lhe dera pão e seu próprio odre, tempos atrás. "Um homem com o mesmo nome do blasfemador de Nazaré", pensou ele. O soldado, porém, não reconheceu a pessoa que havia auxiliado. No rosto do homem havia somente a tristeza de ver a amada esposa definhando.

Concentrado, Pedro se aproximou do leito da jovem Ana. Com os olhos úmidos, o antigo pescador falou com Deus com palavras simples aos olhos de Alfeu, que era acostumado com as palavras elaboradas dos fariseus. Impondo as mãos e auxiliado pelos dois jovens, Pedro pediu a Deus misericórdia para a moça. Ana, pálida e de olhos fundos, se contorcia de dor.

A jovem, diante dos homens em oração, foi ficando cada vez mais agitada. A saliva saía abundantemente de sua boca de lábios rachados. Alfeu contemplava, espantado, a cena. Pedro não se abalou diante do quadro, tampouco seus jovens companheiros, que eram mal saídos da infância. A esposa de Jesus, lentamente, foi se acalmando e sua respiração ficou regular. Como se estivesse dormindo, Ana perdeu a palidez e seu ressonar se fez ouvir.

Pedro, banhado em lágrimas, agradeceu a Deus e ao Mestre Jesus. Beijou as mãos dos jovens companheiros, visivelmente envergonhados pelo gesto humilde do discípulo. Jesus, o soldado, abraçou o antigo pescador. Soluçando, o guarda velou a esposa enquanto, silenciosamente, os homens saíam. Havia ainda muito serviço a cumprir.

— O que foi aquilo? — indagou Alfeu a Pedro.

— O poder da oração, Alfeu — respondeu o pupilo do Nazareno. — O poder da fé direcionada ao bem maior. Não é obra minha, saiba disso, mas de Deus, que só permite tal maravilha àqueles que O buscam. E nós buscamos o Pai através dos ensinamentos de Seu filho.

Alfeu já vira os sacerdotes rezarem junto a enfermos. Viu, em verdade, um número substancioso de melhoras, mas jamais uma recuperação daquelas. Nas outras casas que visitaram, Pedro realizou orações e curas. Em uma delas, por meio de um homem que vivia bebendo, chegou a dialogar com um espírito que se comprazia com a queda moral do pobre homem chamado Filipe. O verbo inspirado do antigo pescador, por fim, acalmou o espírito perdido, que acabou vendo um facho de luz e despediu-se chamando por sua mãe.

Mais tarde, após visitarem os enfermos, Pedro e seu grupo foram a uma das fontes da cidade. Encontraram um romano chamado Péricles, que lhes contou algumas novidades. Para espanto de Alfeu, o romano simpatizava com os ensinamentos de Jesus.

— A mensagem do Mestre é para todos — disse o jovem Joaquim, bebendo água com as mãos em concha.

O romano empregou Joaquim e Josué para ajudar na reforma de um grande galpão que servia para guardar cereais, e Pedro foi com Alfeu descarregar uma grande carroça de especiarias oriundas do Oriente.

Após um dia de trabalho duro, os homens ainda oraram na sinagoga, e o filho de Jeremias se preocupou se encontraria Miqueias. O sacerdote estava lá, austero e silencioso, mas não pareceu reconhecer o ex-empregado de Alexandre.

Nos dias que se sucederam, Alfeu acompanhou Pedro e seus companheiros. Testemunhou o galileu se preocupar com as notícias sobre os outros discípulos de Jesus, espalhados por toda a Palestina.

— Acredito que Tiago precise de mim — disse Pedro, enquanto os dois irmãos, que trouxeram as novidades do sul, bebiam uma caneca de vinho aguado. — Irei o quanto antes. Mas, a caminho, irei para Jope.

— E nós? — indagou Josué.

— Ficarão aqui — respondeu Pedro, com firmeza. — Comigo irá apenas Saul e Alfeu, se ele desejar.

Os olhos dos homens pousaram sobre o antigo soldado com suspeita mal contida. Pedro, percebendo aquilo, censurou os irmãos com um implacável olhar.

— Irmãos — disse Pedro por fim —, aqui fomos chamados de cristãos em homenagem ao nosso Mestre. Temos que permanecer unidos em nosso ideal. Não gostaria de me apartar de vocês, mas é necessário. Assim que possível, e se Deus quiser, estaremos todos juntos. Silas, nosso fiel irmão, que chegou há pouco tempo, ficará responsável pelas orientações. E Simão, nosso amado anfitrião, será o auxiliar dele.

O velho dono da modesta casa abriu a boca. Ele era o mais cordato e idoso do grupo. Com lágrimas nos olhos, o ancião beijou as mãos de Pedro, que havia começado, naquele instante, a preparar alguns mantimentos para a viagem.

CAPÍTULO 15

Depois de dar mais algumas orientações, Pedro fez uma oração comovente. Pedia pelos irmãos e pelo povo da cidade. Em seguida, o antigo pescador de Cafarnaum abraçou a cada companheiro que ali estava. Saul e Alfeu, em silêncio, acompanharam o líder.

Amanhecia e, na primeira hora do dia, os três homens cruzaram os muros da velha Antioquia. Pedro ia à frente, sendo seguido por Saul.

Alfeu caminhava mais atrás, sentindo a lâmina fria com a ponta dos dedos. Vira e ouvira muita coisa fantástica a respeito do grupo de galileus. Lembrou, inclusive, que desde que se encontrara com Pedro e seus companheiros, seus pesadelos haviam cessado.

Os olhos do filho de Jeremias estavam postos na figura do antigo pescador, que caminhava com sua habitual confiança. Subitamente, a saudade da família oprimiu o peito de Alfeu. Certamente achavam que ele estava morto, após esses anos fugindo de si mesmo. Embora se lembrasse de seus pais, esposa e filho, não tinha se preocupado em como eles haviam lidado com a morte de Jacó e seu desaparecimento. Não conseguia acreditar que não pensara nisso.

Infeliz, Alfeu caminhou arrastando os pés, como fez até chegar a Antioquia para assassinar Pedro. Saul, percebendo que o antigo soldado retornava ao seu estado mental enfermiço, chamou, discretamente, a atenção de Pedro, que se voltou para o levita.

— O peso da consciência é grande — disse Pedro — mas não insuportável. Tenho minha própria pedra para carregar. E ninguém, senão eu, pode suportá-la. Mas não precisa carregar seu fardo sozinho. Deixe Jesus ajudá-lo.

— Eu matei meu irmão e abandonei minha família — disparou Alfeu, com a voz embargada.

— Eu também — volveu Pedro, com vigor. — O Mestre disse que não, mas todos os dias da minha vida busco superar minha traição, meu abandono a Ele! Mesmo que eu percorra todas as estradas do mundo em nome de Jesus, ainda assim sentirei meu fracasso, por mais que eu saiba que o Mestre não me culpa!

Alfeu e Saul encararam Pedro. O companheiro de Jesus fitou o céu safírico sem nuvens, enquanto lufadas de vento quente e seco os açoitavam. Nem de longe, era possível reconhecer o apóstolo de Cristo naquelas palavras. Seus companheiros encaravam um homem comum, atormentado, que pranteava silenciosamente. Perceberam ainda que, mesmo chorando em espírito, Pedro levava os ensinamentos de Jesus a todos os cantos.

— Vocês me chamam de Pedro — disse o galileu — me chamam de líder. Agora me chamam de cristão e emissário do Rabi da Galileia. Não! Sou um pequeno homem bruto. Sou açoitado pelo chicote da vaidade toda vez que falam comigo com consideração ou reverência em demasia! Muitas vezes, em meu coração, fracasso em ignorar isso! Sou feito de carne! Sou sujo! Preciso de vocês para ser um homem do Cristo!

Sem nada mais a dizer, Pedro retomou seu passo. Lágrimas corriam por seu rosto anguloso e perdiam-se em sua barba farta. Os companheiros do pescador entenderam que era da dor que ele tirava a força necessária para vencer as limitações que tinha dentro de si. A fé nos ensinamentos de Jesus o fazia caminhar.

O grupo chegou, finalmente, a Cafarnaum, após passar por diversas vilas e cidades que estavam entre Antioquia e aquela região. Alfeu percebera que a mensagem de Jesus havia atingido grandes proporções entre os mais pobres. Muitos abastados também, pelo relato de Pedro, se compraziam com as palavras ditas pelo Cristo. Naquela terra, mãe do Rio Jordão, próxima ao Mar da Galileia, Jesus iniciara suas pregações e, segundo diziam, começara a reunir seus companheiros.

Quando Pedro atingiu as plácidas franjas daquele pequeno mar interior e de doces águas, foi bem-recebido por alguns parentes e amigos. O antigo pescador, caminhando para o grande lago, caiu ajoelhado nas margens. Com lágrimas, ele permitiu lembrar-se das vezes que lá estivera com Jesus e, sorrindo, se lembrou do primeiro encontro deles.

— Pedro — disse Alfeu enquanto o outro se levantava, depois de longo tempo —, quero ir direto para Jerusalém.

— Entendo — disse o galileu. — Nossas estradas se encontrarão novamente, creio. Mas não sei se será nesse mundo. Daqui irei a Nazaré e Cesareia para então descer a Jope. Mas antes, vou permanecer aqui alguns dias para visitar meus irmãos — as mãos de Pedro apertaram ligeiramente os ombros do companheiro. — Não se esqueça de que você esteve morto para os seus. A vida deles continuou. Não se esqueça do Sinédrio e de seu poder temporal.

Concordando com a cabeça, Alfeu se despediu de Pedro e Saul. Uma mulher chamada Maria, uma humilde tecelã, entregou a ele um farnel. Ela parecia preocupada com o fato de o companheiro de Pedro viajar sozinho.

— Não teme os salteadores da estrada? — indagou ela.

— Nada tenho para levarem — respondeu Alfeu, incomodado com uma mulher lhe dirigindo a fala daquele jeito tão pessoal, como era característica dos nazarenos — nem antes, nem agora.

Naquele mesmo dia, Alfeu se dirigiu ao sul, sempre próximo do Rio Jordão. Evitaria as cidades e, com o dinheiro que obtivera trabalhando em Antioquia, compraria alguns víveres se precisasse. Avançava o mais rápido que podia, mas preferia caminhar à noite, por segurança. Seus olhos aguçados varriam a região e, por duas vezes, se escondeu dos ferozes soldados romanos, que costumavam roubar e até matar viajantes solitários.

A cada passo que o filho de Jeremias dava, mais sombrios ficavam seus pensamentos. Logo, em seus curtos sonhos, via-se no templo de Herodes, sob o olhar severo dos membros implacáveis do Sinédrio. Anás, rastejando como uma serpente à sua volta, e Caifás, sorrindo com dentes de lobo, ambos lhe davam calafrios mesmo quando estava acordado.

O viajante notou que seus passos não eram mais tão rápidos. Sabia que se aproximava a festa dos pães, que simbolizava as colheitas, e lembrou-se de seu pai, que costumava levá-lo pelos campos para ver o trigo sendo colhido. Logo, pensou em seu filho, que jamais levara para fora dos muros de Jerusalém.

De repente, Alfeu despertou de seus doloridos pensamentos. Avistara os muros de Jericó. Uma lágrima amarga correu pela face esquerda de seu rosto marcado. A voz de seu irmão pareceu ecoar ao longe. Subitamente, as mãos do antigo soldado pareceram ficar novamente molhadas de sangue. Fitando-as, percebeu que tremiam levemente.

— Pedro havia dito que Jacó me perdoara — balbuciou Alfeu estremecendo. — Jacó, meu irmão, perdoa-me!

Caindo de joelhos, Alfeu pranteou mais uma vez a tragédia que criara. Seu orgulho o levara à loucura. Agora, tentaria recuperar sua família.

CAPÍTULO 16

Evitando a cidade de sua irmã e de seu cunhado, Alfeu se dirigiu para o sul. Ao avistar um grupo que também vinha do norte, mas pelas vias usuais, Alfeu permaneceu calado. Sentia uma forte ansiedade e também medo. Temia por ser descoberto e preso por deserção.

Sua aparência se modificara bastante ao longo dos torturantes anos, estava com rugas precoces na face, bronzeara-se ainda mais, a barba descuidada e sua magreza em nada faziam lembrar o altivo soldado que era chamado de O Fiel. Ainda assim, o filho de Jeremias temia falhar novamente.

Cruzando o portão com uma fina linha de suor atravessando seu rosto, Alfeu avançou direto para a casa de seu pai, pois esperava que a esposa e o filho estivessem com Jeremias, conforme haviam acordado na ocasião de sua transferência para Jope. A ansiedade o fazia, ao cruzar as ruas da cidade, caminhar mais depressa.

A manhã ia alta, o cheiro dos pães assando permeava as ruas turbulentas de Jerusalém, mas Alfeu não sentia o agradável aroma, nem percebia a alegria das pessoas pelas quais passava. Seus passos apressados o levaram a uma área pobre, mas não miserável da cidade, onde muitos levitas tinham seus lares. Dois rapazes, vendo a aproximação do homem esfarrapado, encararam duramente Alfeu. O antigo soldado do templo, porém, os ignorou.

Com o coração em sobressalto, Alfeu parou diante de sua casa paterna. Uma morada simples, mas bela em seu coração. No entanto, a casa estava diferente. Embora bem pintada de cal, alguma coisa estava fora da compreensão do recém-chegado.

— O que você quer aí? — indagou um dos jovens, em tom insolente.

— Falar com Jeremias, filho de Davi — respondeu Alfeu, aborrecido. — Cuide de sua vida.

— Jeremias morreu ano passado — disse o rapaz. — A mulher dele e o neto vivem em Jericó.

Aquilo foi um choque para Alfeu. Deixando cair o fardo que carregava, ele se voltou para a casa e chamou pelo pai. Ignorou as outras palavras do rapaz. Um senhor abriu a porta, acompanhado de um jovem alto e carrancudo.

— Senhor — disse Alfeu, com os olhos marejados. — Vim de longe para ver Jeremias. Me disseram que ele morreu.

— Verdade — disse o ancião, com ar respeitável. — Comprei a casa do genro dele, que levou a sogra e o neto. Vivem em Jericó.

— Meu senhor — volveu Alfeu, com lágrimas correndo pelo rosto. — Como assim o neto foi com a avó para Jericó? E a mãe da criança, uma senhora chamada Rute?

O homem se aproximou de Alfeu que, de repente, notou que conhecia aquele homem de semblante venerável. Era João, o alfaiate. O senhor, por sua vez, tentava reconhecer o mendigo que estava à sua porta.

— Qual o seu nome? — perguntou o alfaiate.

— Um viajante, que certa vez foi ajudado por Jeremias — respondeu Alfeu, sentindo a cabeça girar. — Eu só queria...

— Bem, já sabe que Jeremias morreu — resmungou João. — Agora vá embora. Não vá procurar a viúva de meu antigo amigo para pedir dinheiro!

João virou-se para entrar na casa, acompanhado pelo jovem. Alfeu, à beira do desespero, agarrou as próprias vestes esfarrapadas que trajava.

— Como Jeremias morreu, meu senhor? — indagou, em prantos, o antigo soldado.

A forma como Alfeu pedira aquela informação fez João voltar-se. Estava compadecido com o estranho que batia à sua porta.

— Jeremias sofreu muito com a morte dos filhos — disse o alfaiate. — Ele os amava muito. Mas o neto, filho do primogênito, o fez aguentar. A nora era adorada por ele também. No início do ano passado, ele caiu e não conseguiu mais andar. Então ele me vendeu a casa porque precisava do dinheiro para sustentar Ester e o neto. Pouco depois da venda, soube que ele morreu. A casa do filho está alugada. Jeremias era um homem honrado. Não merecia a humilhação que seus dois filhos lhe impuseram. Um, abandonou a noiva, pelo que dizem. Do mais velho, um garboso soldado do templo, diz-se que desagradou ao Sinédrio e, sendo enviado a Jope, desapareceu. Do mais jovem, eu não sei mais do que lhe falei, mas o filho mais velho era um bom homem.

— E a nora de Jeremias, meu bom senhor? — perguntou Alfeu de mãos unidas em súplica.

— Morreu também, lapidada — respondeu João, com indiferença. — Parece que ela foi vista conversando com um homem de maneira suspeita, um ano depois do desaparecimento do esposo. Um escândalo! Jeremias não precisava de mais uma tragédia...

Alfeu estava estarrecido. Vendo que o mendigo não perguntaria nada mais, João virou as costas e entrou. Por algum tempo, Alfeu permaneceu imóvel diante da casa em que nascera. Perdera o pai e sua esposa que tanto amara. Não estava com o pai em seu leito de morte, nem junto à esposa, que morreu apedrejada.

A noite caiu. Alfeu não se lembrava de Pedro e do que aprendera. Via apenas o rosto de seu pai e de sua esposa. Abandonara-os. Agora, seu filho era criado pelo cunhado, que ainda velava por sua mãe. Com a ponta do punhal apontada para o peito magro, o filho de Jeremias teceu um plano sombrio. Lágrimas banharam seu rosto e respingaram na faca. Subitamente, o homem se levantou e pôs o punhal no lugar. A seu lado, Jacó orava e banhava seu sofrido irmão com energias suavizantes, tirando a ideia de suicídio do antigo soldado.

Olhando ao redor, sentiu nojo. Nojo de si mesmo e daquela cidade que deveria ser a luz do mundo. Uma cidade que devorava a todos. Viu, com os olhos vermelhos e inchados, dois garbosos soldados do templo caminhando altivamente. Eram jovens, e Alfeu não se preocupou em reconhecê-los.

Esmagado pela dor, Alfeu se desviou deles e tropeçou. Bateu fortemente o rosto no chão pedregoso e permaneceu ali. Não teve pesadelos nem sonhos de nuvens. Não vira Jacó, Jeremias, o pai ou Rute. Mas, ao se levantar com o rosto ferido e inchado, Alfeu estava com uma estranha disposição no coração devastado. Esquecera totalmente de Pedro e Saul. Caminhou até o templo. Era sábado, e o lugar estaria apinhado de gente.

Sua faca estava firme debaixo de suas vestes.

Avistou Matias, um dos cunhados de Caifás, conversando com três ricos hebreus. Aquele homem era um leal subalterno de Caifás e de seu pai, o pérfido Anás. Buscando a faca, Alfeu se preparou para iniciar o massacre que seu coração ordenava. Não matara Pedro, mas no templo de Herodes derramaria o sangue de seus antigos senhores.

Mãos fortes seguraram os braços de Alfeu quando ele tentou surpreender o sacerdote. Jogado contra a parede, a faca foi ao solo, e socos e pontapés atingiram o corpo do antigo soldado.

Matias gritou, e houve confusão.

Os guardas haviam visto o reflexo da faca de Alfeu e o atacaram, protegendo eficientemente o orgulhoso sacerdote.

CAPÍTULO 17

Surrado, Alfeu foi levado a um dos aposentos do templo. Não havia ali celas formais, pois a pretoria servia para tal função. Matias, no entanto, queria saber quem era o homem que o atacara de forma gratuita. Amarrado, o prisioneiro foi atirado ao chão, junto de uma mesa.

Alfeu viu quando Matias e o irmão, Jonatas, que trajava as vestes de sumo sacerdote, entraram no local junto com Elias, o comandante dos guardas. O soldado tinha a barba grisalha e muitas rugas em seu rosto severo.

— Este homem deve ser louco — disse Jonatas, fitando Alfeu. — Mandemos esse infeliz para os romanos.

— Ele me atacou! — atalhou o outro sacerdote. — Nestes tempos violentos, temos que mostrar o que fazer com bandidos!

— Não podemos matá-lo! — retorquiu o irmão mais velho — a Lei proíbe. Não seja tolo, Matias!

Elias ouvia a discussão dos irmãos com os olhos fixos em Alfeu. Sem ouvir ordem para tal, o comandante dos soldados do templo se aproximou de Alfeu e agarrou os cabelos dele. O nariz do filho de Jeremias fora quebrado e o rosto estava inchado, mas ainda assim Elias reconheceu o antigo companheiro. Com os olhos arregalados, o hebreu soltou os cabelos daquele que outrora ambicionou ser o comandante. Limpando a mão em sua túnica, Elias se virou para os sacerdotes, que recebiam a companhia de mais dois pares.

— Quem o enviou? — indagou Jonatas, cheio de autoridade, e em muito lembrava seu pai, o cruel Anás — Tiago? João? Diga!

Alfeu sabia que o sumo sacerdote se referia aos companheiros de Pedro, que chefiavam os nazarenos de Jerusalém. O prisioneiro deu um sorriso cheio de sangue e nada disse.

— Não creio que ele tenha vindo da parte dos blasfemadores — disse Elias, cheio de respeito. — Esse aí é Alfeu, filho de Jeremias. Ele é um desertor.

Os olhos dos sacerdotes se arregalaram. Todos conheciam bem Alfeu. Com dificuldade, finalmente, reconheceram o homem que tinha a alcunha de "O Fiel". Jonatas lembrou-se de que tinha muito respeito pelo dedicado soldado, que servira ferozmente seu pai e seu cunhado, e que falhara em proteger a tumba onde o corpo de Jesus fora depositado. Com visível desprezo, o sumo sacerdote cuspiu no rosto do homem que tentara matar seu irmão.

— Fracassado! — disse o sumo sacerdote. — Não devia ter voltado do deserto, cão infiel!

— Lembro-me de sua esposa — disse Matias, mordaz. — Foi apedrejada por fornicação. Dizem que ela falava com um nazareno, mas tenho certeza de que era fornicação!

Tomado novamente pela fúria, Alfeu debateu-se. Gritou e tentou chutar seus captores, em vão. Lágrimas se misturavam ao sangue seco em seu rosto.

— Eu e meu irmão Anás, juntamente com outros baluartes de nosso povo, nos encarregamos dela — prosseguiu Matias, cuja história privada era cheia de podridão, conforme Alfeu sabia — mas ela foi julgada rapidamente. Logo morreu.

— O implacável sacerdote cessou seu sorriso: — eu mesmo

fui ter com seu pai, para lhe dar a notícia. Um homem de bem. Um verdadeiro israelita! Não merecia filhos imundos!

Novamente, Alfeu gritou. Imaginava a agonia de sua mulher e o terror do filho pequeno sabendo que a mãe tivera uma morte infamante.

— O sangue de Jeremias foi sujo pelas ações dos filhos — disse o sacerdote Malaquias, que acabava de chegar. — Um filho desertor, outro simpatizante de blasfemadores. O que será do filho de Alfeu, senão mais um traidor?

— Que Isaque, filho de Zebedeu, seja um pai melhor que você, Alfeu — sentenciou Jonatas.

— O que faremos com ele? — indagou Elias, incomodado com aquela humilhação.

— Não podemos soltá-lo nas ruas — respondeu o sumo sacerdote —, ele voltará. Poderíamos apedrejá-lo por traição. Mas acho que seria fácil demais. Vejam, esse infeliz irá preferir a morte, afinal, voltou do túmulo de areia para descobrir que contribuiu para o fim de sua família!

— Pretoria, então — concluiu Matias.

— Sim — asseverou Jonatas, com a mesma expressão cruel de seu pai. — Com uma acusação bem grave.

Elias chamou seus auxiliares e, com brutalidade, levaram Alfeu. Seus olhos inchados buscavam as figuras de Anás, o velho, e Caifás, mas não os viu. Sob os olhares dos transeuntes, Alfeu foi carregado até a pretoria, onde um centurião registrou as acusações de tentativa de roubo e assassinato por parte de Alfeu. Um saco de moedas ruidosas foi posto nas mãos fortes do soldado romano, que foi escondido rapidamente.

Alfeu foi jogado em uma cela escura e úmida. Deitado no chão duro e coberto de sujeira, o filho de Jeremias permaneceu imóvel.

Braços fortes levantaram o caído e o recostaram na parede fria da cela. Um pano úmido tocou o rosto de Alfeu, que estava quebrado no corpo e na alma.

— Beba um gole desta água — disse o homem calvo, que passava o pano no rosto de Alfeu, enquanto outro, pouco mais que um rapaz, estendia um pote com água suja. — Vai se sentir melhor.

Mas Alfeu não respondeu, nem esboçou qualquer reação. Os homens então o deixaram em paz, cuidando diligentemente dele. Alheio aos gestos de caridade, Alfeu se afundava em pensamentos ainda mais sinistros de ódio.

Mais tarde, a dupla pôs-se de joelhos e fizeram uma sentida oração, primeiro pelos homens que os colocaram ali e, em seguida, por eles mesmos.

— Vocês são cristãos? — indagou Alfeu, por fim, com a voz entrecortada.

— Não — respondeu o mais velho. — somos chamados de nazarenos.

— Por que estão aqui? — prosseguiu Alfeu, sem entrar na questão de como os seguidores de Jesus eram chamados em Antioquia.

— O Sinédrio nos jogou aqui — respondeu o jovem. — Eu me chamo Eleazar. Meu irmão se chama André.

Alfeu nada mais tinha a dizer, mas parecia que já havia visto André, tempos atrás. Sua cabeça doía, e os outros voltaram a orar. Depois de algum tempo, um soldado romano trouxe pão bolorento e água. Os cativos comeram. Alfeu e o soldado romano ficaram espantados quando André agradeceu pelo alimento pútrido.

À noite, após nova oração, os cristãos adormeceram. Alfeu, insone, sentia dores atrozes por conta do espancamento. Lembrou-se de seu filho e de sua mãe, que moravam de favor com o cunhado, que lhe era estranho.

— Eu deveria estar morto — disse Alfeu, baixinho, para si mesmo.

Então veio à sua mente a lembrança de Pedro, o homem que estava disposto a matar. Dissera ele, certa vez, que Deus tem planos para Seus filhos e que a escolha ruim deles era motivada pela vaidade. A vaidade, segundo o cristão, era a razão dos infortúnios na Terra. Jesus, em contrapartida, trazia a humildade para contrabalançar esse infeliz sentido humano.

Sentindo falta das palavras firmes e da gesticulação franca e ligeiramente destemperada de Pedro, Alfeu suspirou. Muito do que ouvira, nos meses entre os cristãos, fazia sentido agora. Vira-os orar incontáveis vezes, embora não os acompanhasse. Mesmo na prisão, encontrara discípulos de Jesus. Em todos eles havia algo que Alfeu, somente agora, reconhecia verdadeiramente como esperança.

Juntando as mãos machucadas, Alfeu, pela primeira vez, orou.

— Pai-nosso que está no céu — disse Alfeu, num sussurro — peço pelos meus parentes que se foram por minha culpa. Aceite-os, imploro, em Teu seio. Cuide do meu filho e de minha mãe, meu Senhor. Abençoe meu cunhado para que ele seja brando com eles e que o pão nunca lhes falte. Abençoe minha irmã, para que sua saúde não falte, para não deixar o esposo com um fardo ainda mais pesado — após um suspiro, o homem continuou; — cuide de Pedro, Senhor, de Saul e dos demais. Que a estrada para eles seja segura, e peço por esses irmãos que padecem aqui comigo.

Silenciando, Alfeu abriu os olhos. André e Eleazar estavam fitando-o. Os homens se aproximaram dele.

— Conhece Simão Pedro? — balbuciou André. — Conhece meu irmão?

— Sim — respondeu Alfeu, reconhecendo finalmente o homem. — Eu ia matá-lo. Agora, eu me lembro de você. É um dos companheiros de Jesus, que estavam no Monte das Oliveiras.

— Sim — retrucou André. — Sou um dos nazarenos. Meu irmão, como está?

— Estava se dirigindo a Cesareia e depois a Jope — asseverou Alfeu, enquanto Eleazar espreitava para ver se não estavam sendo espionados. — Depois virá a Jerusalém.

— Bom — sorriu André —, nossos líderes precisam se encontrar. Tiago e João têm decisões para dividir com Pedro. Também Paulo deseja ser ouvido por eles, em breve, quando chegar de suas viagens.

— Uma pena que estamos aqui — disse o jovem Eleazar. — Queria testemunhar o encontro desses grandes!

— Confie — volveu André cheio de certeza, e seu sorriso pareceu iluminar a cela. — Apenas tenha esperança no Senhor, pois já estamos fazendo nossa parte. Agora vamos dormir.

CAPÍTULO 18

    Alguns dias depois, um centurião coberto de poeira foi até a cela. Encontrou André e os demais. O habilidoso soldado romano e o irmão de Pedro trocaram significativos olhares. Com uma ordem firme, o legionário determinou que soltassem André e Eleazar. Com uma muda indagação, o companheiro de Jesus pediu por Alfeu. Com um gesto, o centurião negou.

    — Tenha fé, irmão — disse André abraçando Alfeu, cujos ferimentos estavam infeccionados. — Encontrarei uma forma de libertá-lo.

    — Quero a morte, André — disse Alfeu, carrancudo. — Esqueça-se deste lugar!

    André sorriu para o homem que continuaria naquele lugar tenebroso. Com uma curta oração, abençoou Alfeu. O centurião levou os dois hebreus, deixando o filho de Jeremias sozinho.

    Contemplando as paredes sujas e cheias de marcas de sangue, Alfeu se pôs de pé. Seu corpo doía muito, evidenciando que suas costelas estavam, no mínimo, trincadas, e sua carne bem machucada. Ainda respirava com dificuldade por conta do nariz quebrado. Mas ainda assim o homem sorriu, percebendo uma mórbida ironia. Ajudara a colocar naquelas celas muitos desafetos do Sinédrio. Executara muitos malfeitos por ordem direta de Caifás. Fora assim que conquistara a alcunha de "O Fiel". Não fora por sua fé, mas por obedecer cegamente às ordens dos poderosos. Inventara calúnias, agredira, ameaçara, encobrira as perversidades dos sacerdotes, em sua maioria, esmagadoras. Nicodemos e alguns outros eram, realmente, ilibados, e isso sempre fora motivo de desconfiança de Alfeu, que achava que eles eram muitos mais discretos. Agora sabia que não.

Alfeu dedicara sua vida servindo aos desmandos dos outros e se via agora recolhendo o pagamento por isso. Matara seu irmão, mutilara sua família. Não admitira que pobres galileus portassem uma mensagem que trazia esperança aos desvalidos, afirmando que todo sofrimento é transitório e que a felicidade era o destino de todos.

O antigo guarda do templo percebeu que seu irmão estava certo. Ele deveria ter salvado Jesus de alguma forma. Finalmente compreendeu a angústia de Pedro que, mesmo estando com o Rabi da Galileia, tanto falhara e agora dedicava a vida inteira realizando o sonho do Mestre. Pensou na agonia de seu pai em enterrar um filho na flor da idade e considerar o outro morto no deserto impiedoso. Sentiu-se, por fim, longe de qualquer consolo. Abandonara a todos e percebeu que merecia estar naquele lugar infame. Mais uma vez, seu ódio inflamou-se, esquecendo-se das sábias palavras de Pedro e de André. Não conseguia ver além daquele antro de horror em que estava preso, não só no aspecto material, mas também no espiritual.

— Jesus — disse Alfeu, com a voz mais elevada que podia —, eu percebo hoje que o persegui gratuitamente. Eu provoquei minha situação. Percebo que estou além de qualquer salvação! Ai de mim!

Passos ecoaram, eram duros, fortes, típicos das sandálias romanas. A noite caía. Não corria nem uma brisa quente.

Os outros prisioneiros, nas outras celas, se encolheram. Conheciam o homem que pisava daquele jeito.

Um vulto parou diante da porta da cela de Alfeu. O soldado romano possuía o nariz torto e alguns dentes da frente lhe faltavam. Obviamente, foram quebrados em alguma briga. Ele era muito forte. Outro soldado apareceu atrás dele, e seu olhar era ansioso, bem diferente do semblante frio do primeiro.

— Alfeu, filho de Jeremias? — perguntou o romano com voz gutural.

Alfeu sabia o que estava prestes a acontecer. Afinal, já vira um ou outro sacerdote contratar aquele homem vil, e mesmo ele já o contatara para executar algum plano maligno. Nem sempre ele estava disponível, viajando constantemente, mas lá estava o assassino mais eficiente de toda a Israel.

O filho de Jeremias contemplou o homem. Seu orgulho inflamou-se. Sua educação secular se manifestava. Era um guerreiro de Israel. Estava ferido e fraco. Mas não iria sem luta.

O romano abriu calmamente a porta gradeada. Um homem, em outra cela, enlevou sua voz em prece para que Jesus intercedesse. Tanto Alfeu como os assassinos ignoraram aquilo. Com agilidade, o romano, chamado grotescamente de "Cão" pelos superiores, agarrou os braços esquálidos de Alfeu, que se debateu. Com esforço, o hebreu se libertou e tentou golpear o rosto do adversário. Facilmente, o centurião se esquivou, desferindo um possante soco no rosto de Alfeu e um chute em suas costelas.

— Serei rápido, Fiel — disse ele —, assim me foi ordenado. Você tinha a estima dos seus patrões. Não deveria ter mordido a mão deles!

Dedos poderosos agarraram o pescoço de Alfeu. O carrasco era muito forte. O outro soldado chutou as pernas do filho de Jeremias. Os últimos raios de luz cruzavam o céu enquanto a oração do prisioneiro da outra cela continuava.

O ar começou a escassear nos pulmões de Alfeu, que apenas conseguia acertar a placa peitoral de seu algoz. Sua cabeça, de uma dor excruciante, foi girando e tornando-se mais leve.

— Ore! — disse uma voz firme aos ouvidos de Alfeu!

Mas Alfeu voltava seus pensamentos unicamente para aqueles que haviam decretado sua morte. Com um último esforço, Alfeu acertou o rosto do centurião, que o libertou.

Nesse momento, porém, o outro soldado, rapidamente, sacou a espada e cortou o pescoço do filho de Jeremias, que caiu pesadamente no chão imundo da cela. Coberto de sangue, Alfeu sufocou e sentiu seu corpo formigar e esfriar.

CAPÍTULO 19

Braços fortes suspenderam Alfeu. Ele sentia muitas dores e seu sangue se esvaía abundantemente. Com a visão embaçada, o filho de Jeremias percebeu uma tênue claridade. Em seguida, somente o silêncio e a escuridão.

— Alfeu! — disse uma voz enérgica. — Acorde!

Com dificuldade, Alfeu despertou. Sentia-se sujo, dolorido e pesado. Viu o céu noturno sobre si. Não viu, porém, nenhuma estrela no firmamento. Não havia, à sua volta, qualquer parede de pedra, nem sinal dos romanos. Com o auxílio de alguém, foi posto recostado em uma pedra muito fria. Sentia seu sangue verter pelas feridas e o corte em seu pescoço doía imensamente.

— Ajude-me! — pediu Alfeu, com a voz arruinada e muita dor.

Seus olhos divisaram uma forma ao seu lado. Sentiu na testa ardente um delicado toque de dedos, que lhe alisaram os cabelos imundos.

— Irmão — disse Jacó, com sua voz branda e doce — já não se encontra mais na velha Terra...

Alfeu acreditou estar delirando. Ouvira com atenção as palavras de Jacó, mas tomara-as por mentiras de sua própria mente. Julgava ainda estar morrendo naquela cela suja. Tentou, em vão, se levantar.

— Acalme-se, Alfeu — disse Jacó — não tem condições para nada. Teve muitas oportunidades, mas não as aproveitou.

Cansado, Alfeu novamente apagou. Mas ouvia gritos de terror ecoando pelos campos ermos onde estava. Em todo instante, a dor o levava a lágrimas amargas e a saudade de sua família o despertava agonizante. "Por que não morria de uma vez", pensava ele. Chamava por seu pai, irmão e por sua esposa, mas eles nunca vinham. Por vezes, sentia mãos acariciando seu rosto arruinado, e sua dor abrandava.

Em dado momento, ainda meio cego, pareceu reconhecer Rute. Não se importou se era um delírio ou não e chamou por ela. Era tudo tão real que podia sentir as lágrimas da mulher caindo em seu rosto castigado. Seus dedos quebrados tentavam alcançar a sombra da mulher. Se ela falava com ele, Alfeu não sabia dizer. Ouvia apenas a voz de Jacó em seus ouvidos.

Quando não mais podia ver a sombra que achava ser Rute, Alfeu ergueu as mãos para o céu sempre negro e sem estrelas. Gorgolejando sangue, ele gritou por piedade. Naquele momento supremo, Alfeu lembrava finalmente o que aprendera com Pedro.

— Pai! — gritou Alfeu com toda sua fibra — ajude-me! Ajude-me a morrer! Misericórdia!

— Irmão — disse Jacó no mesmo instante —, ainda que nós caminhemos no vale da sombra e da morte, Deus está conosco! Eleve seus pensamentos ao Pai e toda a dor passará!

— Jacó! — disse Alfeu aos prantos. — Eu o matei!

— Morto na carne está você também, meu irmão — retrucou Jacó com firmeza. — Deixe a dor da carne para trás e abrace seu irmão!

Com esforço, Alfeu estendeu novamente os braços para o vulto que divisava melhor. Jacó abraçou o irmão, cheio de ternura. Com carinho, o filho caçula de Jeremias ergueu o irmão, reduzido a um farrapo, e o levou dali sem esforço. Chegaram os dois a uma pequena casa, erguida em meio da vastidão daquele lugar sombrio. Alfeu não conseguia ver nada além da tênue claridade de seu irmão e sentia uma dor excruciante, ainda que suspenso nos meigos braços de Jacó. A porta foi aberta por alguém, e eles entraram sob a luz de um modesto candeeiro.

Em uma cama simples mas confortável, Alfeu foi delicadamente depositado. Ouvia outras vozes. Um beijo em sua testa denunciou que Rute, silenciosa, estava ali.

— Repouse, irmão — ordenou Jacó.

Sem resistência, Alfeu adormeceu. Quando despertou, encontrou o irmão ao seu lado. Não o enxergava direito, mas era, de fato, Jacó. O jovem hebreu portava uma delicada luz prateada, enquanto tudo o mais era baço e sombrio.

— Estou morto? — indagou Alfeu, com sua voz esfarrapada.

— A morte, meu irmão, que o atingiu, é a do corpo de carne — respondeu Jacó. — Você é imortal, e agora está recebendo a paga de seus gestos na Terra.

— Onde estão Rute e nosso pai? — volveu Alfeu, ansioso.

— Acompanham você de longe. Rute teve que ir, e nossos pais recebem notícias suas constantemente — prosseguiu, paciente, o irmão — mas não podem estar com você. Nós muito oramos por você.

— Tenho tantas perguntas — proferiu Alfeu, depois de um tempo. — Se estou morto, por que tenho tanta dor? E meu pai e Rute, qual razão de estar impedido de vê-los?

— Por ora, saiba que sua morte é decorrente de suas más ações — disse Jacó, com cuidado. — Mesmo no fim, depois de ter conhecido Pedro e tantos outros, que lhe mostraram o caminho correto, você insistiu nas más escolhas. Daí seu sofrimento.

— Deus, então, é um tirano — objetou Alfeu, sentindo fortes dores novamente.

— Deus é justo — declarou Jacó. — todos nós temos as mesmas oportunidades. Nosso Pai ainda é tão bom que nos concede a misericórdia da bonança, um dia. Se Deus fosse justo, apenas, você teria de ficar para sempre no Vale de Sombras. Agora, sugiro que continue a descansar. Muito tem a pensar, e veremos os seus passos por agora.

Jacó levantou-se após beijar o rosto do irmão. As mãos de Alfeu agarraram o pulso do jovem, que ainda não era visto com clareza pelo antigo soldado.

— Eu o matei — disse Alfeu, com lágrimas descendo pelo rosto marcado —, me perdoe!

— Nunca o culpei, irmão — respondeu Jacó —, nem quando minha carne foi trespassada por sua faca. Amo você e nunca o deixei. Nem deixarei!

Sozinho em seu humilde e confortável leito, Alfeu pranteou suas escolhas até que, por fim, suas lágrimas secaram. Novamente, Jacó chegou não se sabia de onde. Sentado ao lado do enfermo, fez uma fervorosa oração que trouxe conforto. Quando a prece foi encerrada, Alfeu sentia-se reconfortado.

— Muito chorei — disse Alfeu, resignado. — Minha sina é obra criada por mim. Eu a aceito.

— Isso é bom — disse Jacó. — Não mais poderemos usar a ignorância por desculpa. Os dias vindouros serão abençoados pela boa-nova, irmão. Você teve acesso a ela em vários momentos de sua caminhada errática: na compaixão com que foi tratado nas andanças, no alimento que lhe deram, no abrigo e nas orações de pessoas que nunca mais viu na Terra, mas que muito confortaram sua alma doente. Você foi ingrato com todas elas. Sua vaidade, mesmo na ruína da carne, prevaleceu.

O antigo guerreiro do templo de Jerusalém se recordou do auxílio que recebera, mas jamais reconhecera: o velho pastor, a mulher e a criança, em Betânia, o soldado Jesus de Antioquia, várias pessoas no deserto. Até mesmo Alexandre foi lembrado por Alfeu. Lembrou-se, então, de Pedro e seus companheiros, e seus últimos amigos, André e Eleazar. Percebeu o quão ingrato fora com todos esses.

Alfeu estava de cabeça baixa. Seu pescoço ainda estava enfaixado e o homem estava de mãos dadas com o irmão.

— No entanto — continuou o filho caçula de Jeremias —, na prisão, você orou. Antes disso, ajudou Pedro e os demais a levarem a boa-nova do Rabi da Galileia, ainda que sem compreendê-la. Seus gestos, no bem maior, o credenciaram para, pelo menos, não sofrer mais no Vale de Sombras.

— É possível sofrer mais do que sofri? — indagou, espantado, Alfeu.

— Certamente — retrucou o outro. — A todo instante você era instigado ao bem. Nem de longe permitiu-se mudar como deveria, mas na companhia de Pedro e Saul, trabalhou em benefício próprio.

— O que será de mim? — perguntou Alfeu.

— Terá de aprender a crescer — asseverou Jacó, ficando de pé e deixando o irmão sozinho.

Aquela conversa acabara.

CAPÍTULO 20

— Por que somente você vem me visitar? — indagou Alfeu ao irmão, com certa dose de impertinência.

— Você ainda não merece ver Rute e nossos pais, infelizmente — disse Jacó, com doçura, apesar das palavras diretas. — Você os deixou na Terra e agora deve aprender a sublimar a culpa dentro de si e entender que sua vaidade doentia foi aceita em seu coração como única verdade. — Jacó ajudou, pela primeira vez, o irmão a se sentar na cama. — Irmão, tenho novidades. Em breve, terá de partir.

— É a segunda vez que você diz *nossos pais* — observou o outro.

— Sim — concordou o irmão mais jovem — nossa mãe adorada se encontra há algum tempo conosco. Ela está muito bem.

— Não entendo — volveu Alfeu, espantado com a notícia da morte da mãe. — Gostaria de vê-los. Ainda estou doente. Pelo menos, me sinto doente.

— Sim, está doente — concordou o outro — mas sua doença não terá cura aqui. A cura está na Terra. Jesus nos ensina que voltaremos à Terra até que não mais sejamos dominados pela vaidade e pelo egoísmo.

— Eu fui tão criminoso assim? — retrucou Alfeu.

— Sua consciência já lhe deu a resposta — proferiu Jacó. — Não adianta se comparar aos outros. Cada um tem sua própria doença a tratar. Você é portador de grandes verdades, ensinadas quando estava ainda na Terra. Outras, você aprendeu aqui, nesses anos.

— O quê? — exclamou Alfeu. — Anos!

— Sim — disse Jacó por fim. — O tempo aqui tem outra percepção para nós. Seu tratamento foi longo nos ermos e aqui neste pequeno cômodo. Estava tão absorto em suas dores que não viu o tempo passar. Jeremias, seu filho, já é um venerável idoso.

— Meu filho amado! — as lágrimas rolaram pela face de Alfeu.

— Jeremias se tornou um homem de bem — disse Jacó. — Isaque e Isabel o criaram com amor. Ele plantou belas sementes em nome do Cristo e, em breve, receberá seu galardão.

— Por misericórdia, deixe-me ver meu pequeno Jeremias! — implorou o outro.

— Sinto muito — disse Jacó, abraçando o irmão — mas chegará o tempo da reunião de vocês. Ele anseia para encontrar-se com você. Por mérito dele, isso vai acontecer. Por ora, apenas peça orientações ao Alto, irmão.

— Entendo — resignou-se Alfeu.

***

Quando já podia caminhar pelo quarto, parcialmente cego, Alfeu ouviu passos. Ansioso, ele percebeu que seu irmão trazia alguém. O filho de Jeremias levantou-se quando Jacó abriu a porta sorrindo. Trazia consigo dois idosos de ar venerável. Ester e Jeremias abraçaram o filho, banhados em lágrimas. Atrás dele, ao lado do protetor de Alfeu, estava Rute, com uma sublime claridade a envolvê-la.

— Meu marido! — disse ela, repleta de ternura.

— Rute! — exclamou Alfeu, beijando delicadamente as mãos da mulher.

Doce, porém breve foi o reencontro entre os membros daquela família, que fora esfacelada na Terra. Logo depois, Isaque e Isabel vieram, e luminosa era a aura de ambos, que nos últimos anos na Terra haviam erigido grandes obras em nome do Cristo. De joelhos, Alfeu agradeceu pela criação da ao seu filho Jeremias.

Depois de algum tempo, Jacó trouxe um venerável ancião, de longas e alvíssimas barbas. Coroado de luz, igualmente branca, Jeremias abraçou o sofrido pai, que soluçava aos prantos. Embalando Alfeu, Jeremias agradeceu a Deus pelo reencontro feliz.

— Meu pai — disse o velhinho —, minha saudade, até vir para o Reino da Glória, sempre foi grande, pois o tinha em meu coração. Cada gesto meu foi para honrá-lo, mesmo sabendo que não apreciava os ensinamentos de Jesus de Nazaré!

— Bendito seja Jesus — exclamou Alfeu, que também não conseguia ver direito o filho — e graças a Deus que você escolheu melhor do que eu!

— Em um momento, pai — asseverou Jeremias — estaremos reunidos à mesa do Senhor. Que esse dia não tarde!

— Dependerá apenas de Alfeu — disse Jacó, com os olhos rasos d'água — e de nós também. Ainda temos muito a aprender.

— Pai — tomou a palavra Jeremias —, em breve, regressará à carne. — Será privado da visão, pois ela o levou à vaidade e ao orgulho. Muitos dos seus companheiros de infortúnio passarão novamente por seu caminho! Perdoe-os! Ajude-os! Estará com os olhos da carne fechados, para que se abram os olhos do espírito! Pague pelo menos uma dívida!

— Sim, meu filho! — concordou Alfeu.

— Estarei contigo, irmão — disse Jacó —, me foi concedida essa misericórdia, por intercessão de Pedro. Ficaremos juntos na carne ou fora dela, permanecerei com você até que suas imperfeições sejam lavadas de seu espírito! Ainda sou pequeno, mas juntos, em nome do Nazareno, cresceremos. Juntos, eu e você, tomaremos as mãos de Jesus e nos regozijaremos na luz bendita!

— Um dia hei de merecer ser chamado de servo do Senhor! — disse Alfeu, sintonizando-se com o Alto e sentindo pequenas gotas de luz caindo sobre eles. Ele sabia que era um presente que Jesus enviava ao homem que, certa vez, fora encarregado de prendê-lo.

— Você não mais será o levita do suntuoso templo dos homens! — disse Jacó em júbilo, — Será o levita, o guardião do templo do amor!

— Que assim seja! Por mais que os séculos se alonguem em sua recuperação, meu pai, a imortalidade é ainda maior e a vitória é certa! — sentenciou Jeremias, erguendo-se em uma triunfante luz.

CAPÍTULO 21

Planos foram cuidadosamente elaborados. Os espíritos Nestor e Varana, uma mulher de traços egípcios, organizaram os afazeres do núcleo espiritual onde Alfeu se encontrava com a família. O casal de espíritos era sábio, e suas palavras eram como bálsamo para quem os ouvia.

Foi determinado que Jeremias e Ester regressariam à carne como pais de Alfeu e Jacó, enquanto Rute e o outro Jeremias permaneceriam na erraticidade, acompanhando aqueles que enfrentariam provas e expiações. Outros espíritos vinculados a eles também retornariam, para que o amor entre eles se desenvolvesse, mas em momento algum cogitaram os nomes de Anás e Caifás, pois a missão desses espíritos acontecia em outra oportunidade.

Renasceu, pois, o grupo familiar em evolução, na região turbulenta da Nicomédia. Jeremias recebeu o nome Marcelo, e Ester chamava-se agora Lúcia, romanos de classe humilde.

Maravilhado, Alfeu recebia notícias de seus antigos pais, e suas inquirições acerca das leis divinas eram inúmeras. Quase sempre, porém, as explicações dadas por Nestor eram incompreendidas por parte de seu pupilo. Ansioso, Alfeu segurava as mãos de Rute, que o amava imensamente.

— Quando será minha vez, esposa? — dizia o antigo soldado, agitado. — Preciso provar a mim mesmo que posso me redimir.

— Não seja tolo, esposo — respondia com doçura a mulher. — Tudo tem seu momento. Já esperamos aqui por anos sem conta! O quanto aprendemos? O quanto servimos?

— Eu nada servi — resmungou Alfeu — e pouco consigo aprender.

— É porque está muito apegado às coisas que ficaram para trás, Alfeu — prosseguiu a sábia Rute. — Segundo Varana nos contou, em breve, Jacó vai regressar ao ventre de sua mãe. E depois será você.

Jeremias, filho de Alfeu e Rute, surgiu à porta do modesto aposento, plasmado na Espiritualidade, do antigo levita. Apesar do seu ar venerável e da tênue luz que irradiava, o mais sábio dos seres daquela pequena constelação familiar curvou-se respeitosamente ante seu pai e lhe beijou as mãos duras.

— Mudanças varrerão a Nicomédia, meus pais — disse Jeremias, solene como sempre. — A perseguição contra os cristãos ficará ainda maior.

— Como venceremos tais provações? — exclamou Alfeu, pessimista.

— Somente na dor aprendemos as mais oportunas lições, meu pai — respondeu suavemente Jeremias —, lembre-se de que mundo material é a escola de nossos espíritos! Não estará nunca desamparado.

Alfeu fitou Rute. Seus olhos ainda estavam muito ruins e sabia que a cegueira total o aguardava. Dolorosa expiação e prova! Ligeiramente abalado, Alfeu apertou as mãos da amada esposa, que ele abandonara devido ao seu orgulho e deveria agora regressar à Terra sem ela.

— Preciso dos meus olhos, Rute! — exclamou Alfeu, ficando de pé. — Como poderei lutar minhas batalhas aleijado?

— Acalme-se! — atalhou Rute, sob os olhares de Jeremias, que silenciara. — Já falamos sobre isso diversas vezes. Sua luta é moral. Seja manso!

— Meu pai — interrompeu o sábio Jeremias, espírito mais evoluído que Alfeu e Rute e que fora incumbido de auxiliar os primeiros cristãos ainda na Terra —, seu orgulho lhe provoca a cegueira moral. Será uma experiência reparatória e muito necessária. As tribulações que se aproximam no mundo dos vivos são preciosas lições que demandarão, sobretudo, resignação. E lhe falta muito essa virtude.

Alfeu baixou a cabeça. Sabia que eles muito lhe queriam bem. Ouvia atentamente as palavras sábias que lhe dirigiam com imenso respeito. Mas era muito difícil pôr em prática o que lhe ensinavam. Foi com espanto que ouviu de mestre Nestor que sua derradeira encarnação não fora tão ruim, tendo em vista as anteriores.

— Aleijado, então — sussurrou Alfeu —, numa terra estranha.

CAPÍTULO 22

Jacó, depois da conversa que Alfeu tivera com Rute e Jeremias, foi visitar o irmão. Tornara-se um grande tarefeiro do Senhor ao longo dos muitos anos desde sua morte em Jericó. Ele, como sempre, estava alegre, e suas vestes alvíssimas pareciam brilhar aos olhos arruinados de Alfeu.

— Meu irmão — disse Jacó colocando-se ao lado de Alfeu —, tenho novidades!

— Agora que é importante, você sempre tem novidades — retrucou Alfeu, com uma pontada de inveja. — Pouco tempo tem para sua família.

— Isaque, em breve, irá desencarnar — prosseguiu Jacó, ignorando as palavras obscuras do outro. — Ele e Isabel tiveram uma vida muito boa nas Gálias. Viveram bem em nossa Judeia e também nas terras dos gauleses.

Alfeu sabia que há algum tempo seu cunhado e sua irmã tinham regressado ao que chamavam de mundo dos vivos, com a missão de se melhorarem, além de levarem a boa-nova onde viveriam. Isaque agora era Miguel. Isabel, em breve, também retornaria.

— E? — indagou Alfeu franzindo o cenho.

— Assim que nosso Isaque retornar — disse calmamente Jacó —, eu irei.

— E seus compromissos? — volveu Alfeu, não desejando apartar-se do irmão.

— Alguém já era responsável por eles antes de mim — sorriu Jacó. — Outro ficará, portanto, em meu lugar. — As mãos do espírito trabalhador pousaram confiantes nos ombros do outro: — logo estaremos juntos na carne. Eu serei seu protetor! Invertemos os papéis, não é?

Lágrimas amargas surgiram na face de Alfeu. Ele sabia que o irmão o amava muito e não queria ferir seus sentimentos. Mas a culpa, apesar de tantos anos, ainda era um espinho cruel no coração do antigo levita.

Após uma sentida prece, os irmãos se separaram. Alfeu regressou ao aposento que ocupava com Rute naquela modesta vila que, segundo sabia, fora erguida por Nestor e Varana a partir das energias divinas que formavam o próprio mundo, governado por Jesus. Toda essa história lhe soava estranha aos ouvidos, mas procurava não pensar naquilo. Seus dias intermináveis naquele belo lugar, que contava com poucas casas e árvores circundantes, eram baseados em orações, lições evangélicas, além de trabalho. Seu trabalho, modesto que era, consistia em carregar baldes de água para as casas, mesmo quase cego. Essa atividade, inicialmente, era motivo de insatisfação, mas com o passar do tempo passara a apreciar o humilde trabalho, pois permitia que ele conversasse com os habitantes do lugar, que iam e viam. Certa vez, o antigo levita se perguntara da razão de mortos beberem água, já que as tradições que tinha aprendido nada falavam aquele respeito. Foi quando, pela primeira vez, a bela senhora de aspecto egípcio lhe falara, surgindo por detrás de uma espessa oliveira.

— A água é importante, assim como as outras coisas que vê e sente, Alfeu — disse Varana, com sua vasta cabeleira negra escorrendo luzidia por sobre os ombros — pois é um recurso que utilizamos para auxiliar os que estão ainda presos à matéria. A água é, pois, um receptáculo de energia para vivos e mortos — guardando silêncio por alguns momentos para que Alfeu compreendesse, ela prosseguiu: — nosso Mestre espera que um dia seus conhecimentos sejam mais bem entendidos por seus irmãos menores, como nós dois, Alfeu. Tudo, com o tempo, será esclarecido. Até lá, sirvamos diligentemente em nosso benefício e também do próximo. Sem o transporte dessa água, muitos tratamentos ficam mais difíceis.

Alfeu, então, percebeu a grandiosidade daquela simples tarefa. Não entendera muito a explicação da benfeitora, mas sabia da sabedoria dela. Mas ele imaginava que aquela e outras atividades desempenhadas por seus semelhantes mais serviam para ensinar o valor da humildade e do trabalho que realmente para curar alguém. Parecia a Alfeu, em seus pensamentos, que era uma simples ocupação educacional, e que os mestres, se realmente precisassem ou quisessem, não necessitariam de nada daquilo, nem das construções que compunham a vila.

Alfeu regressava para sua casa. Deixara o balde na bela fonte ornada, segundo Rute, com belas flores amarelas. Ele já aprendera o caminho sem tropeçar ou precisar do amparo de um galho ou de alguma pessoa. Seu irmão já tinha regressado ao mundo dos vivos há pouco tempo, e Isaque não tinha ido visitá-lo ainda.

— Posso acompanhar você até sua casa, querido Alfeu? — perguntou uma voz vibrante e profunda como o próprio céu. — Há tempos que não conversamos.

— Mestre Nestor — volveu Alfeu, com um respeito que jamais sentira por Anás, Caifás ou qualquer outro membro do Sinédrio —, é uma honra.

— Não é preciso me chamar de mestre — disse Nestor, com um largo sorriso, aumentando ainda mais seu ar venerável. — Honra verdadeira é servir ao Cristo. Nem mais, nem menos.

Alfeu sabia que aquela conversa não seria sem propósito. Nada ali era feito sem a ideia de auxiliar a alguém. Ainda mais o atarefado Nestor, que coordenava muitas vilas como aquela.

— Nos próximos dias, você reencontrará um amigo seu, dos tempos passados — anunciou o mentor. — Será muito bom para você. Mas enfatizo que deve se preparar em prece.

— Isaque, eu presumo — redarguiu Alfeu. — Meu antigo cunhado muito deve ter aprendido!

— Não se trata de Isaque — volveu Nestor, ligeiramente divertido — mas alguém que caminhou ao seu lado em seus dias angustiantes. Alguém que prometeu reencontrá-lo ainda que no lado de cá.

Alfeu, que aceitara o braço amigo do homem que chamava respeitosamente de mestre, franziu o cenho marcado. A essa altura, os dois haviam alcançado a soleira da pequenina casa do antigo levita. Alfeu sentiu, ao cruzar a porta, uma poderosa vibração, que prontamente identificou como similar — ou talvez maior — que a do próprio Nestor ou de Varana. Ajoelhando-se instintivamente ante a grandeza que estava em seu lar, Alfeu recordou-se, finalmente, do homem que prometera revê-lo tantos anos atrás: Pedro.

CAPÍTULO 23

Pedro, de pé na sala, abriu seus largos braços para Alfeu, cujas lágrimas banhavam seu torturado rosto. Rute e Jeremias, em silêncio comovido, observavam seu amado que por tantas sendas errara.

— Levante-se, meu amigo — disse Pedro com sua voz de trovão —, e me dê cá um abraço! Longo foi o período de separação entre nós. Mas, como prometido, estamos reunidos novamente!

Nestor auxiliou Alfeu a levantar-se e, com passos ligeiros, Pedro abraçou o antigo companheiro de Antioquia. Poderosos influxos magnéticos banharam imediatamente Alfeu, que viu nitidamente os traços do pescador de almas. Aos olhos revigorados do antigo levita, Pedro estava em seu auge, com a luz veneranda do Cristo a preenchê-lo totalmente.

— Acompanho seus passos, meu amigo — disse o enérgico Pedro —, e agora que se aproxima o momento de regresso à carne, venho vê-lo. Terá tarefa difícil! Eu sei como é, meu caro. Mas lhe digo: vale muito a pena seguir o caminho da resignação, da humildade e do amor. Vencerá! Não sou eu quem lhe falo isso, mas o próprio Mestre de Nazaré que manda lhe dizer!

— Então — balbuciou Alfeu ainda abraçado ao antigo desafeto — minha hora de voltar chegou?

Pedro acenou positivamente. Seus influxos magnéticos operavam profunda transformação mental em Alfeu, que não retirava os olhos do benfeitor. Fortalecido, ele fitou a esposa e filho, com sua perene aparência anciã, e os viu nitidamente.

— Isso, Alfeu! — bradou Pedro. — Esperança! A esperança é fé! É a fé que vai guiar seu coração. Mesmo no escuro, a fé lhe dará luz!

— Não pense no fracasso — concordou Nestor, por detrás do pupilo —, por muito tempo você se preparou e agora é chegada a hora! Tenha fé!

Pedro se desvencilhou de Alfeu, permitindo que Rute e Jeremias abraçassem o antigo soldado. Lentamente, abraçado a seus amores, a cegueira retornou ao espírito que em breve reencarnaria. Mas não havia mágoa. Um filete de resignação e esperança havia, definitivamente, se instalado no coração endurecido de Alfeu.

O trio, ainda abraçado, se voltou para Pedro. O pescador de almas estava na soleira da porta ao lado do venerável Nestor. O discípulo de Jesus sorriu para os companheiros e ergueu sua mão direita abençoando a todos.

— Que a paz do Cristo esteja sempre convosco! —disse Pedro, com sua voz de trovão.

A passos largos, o homem, que fora o mais violento dos discípulos de Jesus de Nazaré, se afastou dali. Tinha ainda muitos encargos a lidar e assim permaneceria por incontáveis séculos até que, por fim, conforme seu Mestre certa vez dissera, Jesus tivesse onde repousar a cabeça.

CAPÍTULO 24

Alfeu renasceu, finalmente, na antiquíssima Nicomédia, no ano de 277. Filho de Marcelo e Lúcia, anteriormente Jeremias e Ester. Ele era o segundo filho do casal, e Jacó reencarnado e agora de nome Paulo, era o irmão cinco anos mais velho.

Conforme resolvido na erraticidade, Alfeu retornara ao mundo desprovido da visão, fato esse que levou muita angústia a seus diletos pais. Paulo, porém, dizia que os olhos de seu pequenino irmão eram os olhos mais puros que Deus havia enviado. Lúcia sorria sempre ao ouvir aquilo, mas Marcelo muito se preocupava.

A pequena família vivia no campo, possuía algumas terras onde criava diversos animais, e Marcelo era um homem muito respeitado na comunidade cristã da fortificada cidade do império romano oriental. Cumpria, muitas vezes, ao dedicado homem a auxiliar as reflexões evangélicas que eram feitas pelo humilde Druso, que era, em verdade, o antigo soldado Saul reencarnado.

— Paulo onde está você? — indagava Tito, nome que Alfeu agora envergava. — Não me deixe sozinho!

— Estou aqui, irmão! — disse Paulo, uma criança grande e forte para sua idade, no alto dos seus 11 anos. — Não seja um tirano! Eu tenho que cuidar das galinhas!

Tito sorria sempre que ouvia a voz do irmão. Conhecia cada canto da residência e os domínios do quintal, mas havia muito desistira de correr atrás das escorregadias galinhas. Caíra o suficiente para entender que não lhe era possível aquele empreendimento. Carregando Tito, Paulo apertou carinhosamente o irmão que tanto amava. Lúcia, com o cesto de roupas, observava a cena em muda oração. Sabia que Deus enviara seu filho caçula sem olhos por alguma razão. Somente a fé, sabia a mulher, poderia guiar a vida de seus filhos.

Com espanto, Lúcia e Marcelo, muitas vezes, observavam o pequeno Tito brandir pequenos galhos tal como uma espada ou lança, desferindo ferozmente sobre a cabeça do paciente irmão duros golpes. Se não fosse a cegueira, pressentiam os pais, Tito teria um perigoso pendor às armas. Muitas eram as palavras que Marcelo e o irmão Druso diziam às crianças, repetindo o que eles mesmos haviam ouvido de outras pessoas a respeito dos ensinamentos do Nazareno. Paulo, diferentemente do irmão e de algumas crianças, bebia aqueles modestos ensinamentos com atenção e profundo respeito. Um dia, dizia o envelhecido Druso, Paulo falaria ao povo sobre Jesus, e suas fortes mãos seriam empregadas em benefício dos necessitados.

***

Passaram-se alguns anos.

Aqueles eram os dias de Diocleciano, férreo imperador do Oriente. Embora muitos fossem os romanos cristãos, esses viviam sob a égide do medo. Marcelo e o velho Druso, assim como alguns poucos, eram reconhecidos publicamente como seguidores do Nazareno. Nas horas de angústia, quando as pessoas procuravam pelos modestos líderes, eles, inspirados pelo Alto, asseguravam que grandes turbulências se aproximavam e que somente a resignação e a fé poderiam libertá-los.

— As guerras sempre existiram — disse Druso, ladeado por Marcelo e pelo jovem Paulo — e imperadores. Lembremos que Jesus nos disse para darmos a César o que é dele! E a Deus, nós devemos dar o que é dele! Impostos e leis são de Dioclesiano. Mas nosso espírito é de Deus!

— Mas parece que Dioclesiano não se importa com Júpiter ou Apolo — retrucou o escravo Silas, cuja pela de ébano reluzia à luz das tochas — dizem que ele próprio quer ser um Deus!

— Não seria o primeiro homem a tentar — asseverou o sábio. — Porém, quem tentou, tropeçou nas próprias pernas. Lembremos que o céu está dentro de nós. Somente a paz pode acabar com nossas dores.

Atento, Tito ouvia a assembleia. Seu coração batia fortemente. Sabia que os familiares e amigos falavam palavras perigosas, e muitos ouvidos, em meio à noite fria, poderiam amealhar o que fora dito ali. O menino sabia que Marcelo temia pela família, pois, certa vez, comentara os martírios que os cristãos já haviam enfrentado. Para Paulo, entendia o menino, os mártires eram heróis. Porém, para ele próprio, os antigos mortos eram fracos o suficiente para uma morte sem luta.

A reunião encerrara após longa e bela prece. A lua havia deixado o alto do céu, e a brisa quente chiava por entre as pedras e folhas de palmeiras.

— Gosto mais das reuniões aqui do que dentro da cidade — disse Druso pondo a mão ossuda sobre os ombros de Tito. — Seu rosto franco, meu jovem, me permite perceber que desaprova nossas palavras.

— Não desaprovo, tio — respondeu o menino, ligeiramente desconcertado, pois conseguia perceber a aproximação do velho pastor — mas não entendo como Jesus não nos ajuda.

— Ele nos ajuda a todo instante — respondeu Druso, após um tempo meditando nas importantes palavras do filho de seu grande amigo, que pedira a ele que tivesse aquela conversa com Tito. — Além das Suas palavras sempiternas, há também a inspiração que nos enche a alma. Basta buscarmos o Nazareno.

O jovem de 10 anos coçou a cabeleira escura. Parecia que já ouvira aquilo antes, mas não sabia precisar nem quando ou onde. Ele gostava muito de conversar com o velho Druso, que nascera escravo, porém, após ajudar na recuperação do filho de seu senhor, fora liberto e ganhou substanciosa soma em dinheiro para se sustentar. Todos sabiam que Druso havia gastado a pequena fortuna para ajudar as vítimas de uma doença que se abatera na região antes de Paulo nascer.

— Por que existem tantos deuses? — inquiriu Tito, de repente, repetindo a mesma pergunta que fizera a seu pai e irmão. — Por que Jesus não é o único Deus?

— Você sabe que Jesus não é Deus, Tito — respondeu o ancião, sorrindo —, e sabe que Deus é único. Nosso pai permitiu que, durante muito tempo, Seus filhos o adorassem da forma que compreendiam. Porém, por conta das escolhas ruins dos homens, os tais deuses assumiram formas imperfeitas. É o que posso dizer. Mas digo também que um dia os grandes templos de Apolo e Isis cairão por terra e somente o templo de Deus, com Jesus como sumo sacerdote, haverá. Nesse dia, enfim, seremos todos irmãos no amor divino.

— Nesse dia, eu enxergarei, tio? — indagou Tito, tomando seu pequeno cajado nas mãos.

— Sim, meu sobrinho — atalhou o velho —, os paralíticos andarão, os surdos ouvirão! Mas não falo dos aleijões físicos. Falo do fim dos aleijões da alma!

CAPÍTULO 25

Sempre munido de seu cajado, Tito ganhou alguma estatura. Não era alegre e nem tinha o porte robusto do irmão Paulo. Torna-se muito habilidoso em criar cestos de varetas e seu produto era muito procurado nas feiras da velha cidade.

Tito sentia-se só quando o irmão estava longe, e sua amargura era indevassável. Seus pais faziam o possível para alegrar o rapaz, mas Tito amargurava-se com suas limitações. Quando Paulo anunciou seu casamento com a doce Ana, filha de Polidoro, o ferreiro, Tito ficou ainda mais amargo.

— Agora que se vai, meu irmão — disse Tito a Paulo — eu ficarei aqui, cego, com dois velhinhos e com apenas cestos para fazer.

— Não diga isso! — atalhou Paulo. — Viverei perto daqui. Construirei minha casa à sombra da casa de nosso pai. Jurei nunca apartar-me de você e assim o farei.

— E quando seus filhos nascerem? — volveu o outro, egoísta.

— Serei ainda seu irmão — retrucou Paulo, com certo azedume — e você será o tio deles.

— Nunca encontrarei uma esposa — murmurou Tito, infeliz. — Quem aceitaria um cego?

— Alguém puro de coração — sorriu Paulo. — Lembre-se de que a pureza da alma é o que conta.

— Não sei o que é belo ou feio — disse Tito, mordaz — mas garanto que Ana não é feia. E se ela fosse cega?

— Ainda assim, eu a amaria — respondeu sobriamente o outro. — Parece que sempre conheci Ana — suspirando, Paulo fitou o céu safírico que cobria aquela região, sem uma única nuvem. — Polidoro é adorador de Apolo, mas simpatiza com nossos ensinamentos. Ana é abertamente cristã.

— Papai já sabe? — indagou Tito.

— Sim — respondeu Paulo, sorrindo —, ele nos deu sua bênção. Druso nos abençoará na primeira colheita.

Acertando a data com os parentes da noiva e com os seus, Paulo estava radiante. Ignorava o cenário político que se desenrolava. O império ressoava dividido entre os poderosos, e as sombras do medo ganhavam cada vez mais espaço. Em seu íntimo, Tito, contra as inspirações do próprio Nestor e de Rute, toldava seu coração em revolta e inveja. Por mais de uma vez, seus pensamentos se voltavam contra Deus.

— Nosso amado vai falhar — disse Rute a Nestor. — Que fazer?

— Ele tem plena condição de vencer o desafio — respondeu o sábio Nestor — mas seu ímpeto deve ser refreado pela resignação. Por mais que o inspiremos no bem, a escolha final ainda é dele.

— Talvez — abordou cuidadosamente a antiga esposa de Alfeu —, se conseguíssemos uma leniência em seu planejamento...

— Não, minha querida — asseverou mansamente o mentor —, tudo que nosso Tito tem em sua atual vida na Terra é suportável. O que ele não teria capacidade de enfrentar ficará para os dias vindouros.

Assim, os dois espíritos conversaram, ao lado do leito do insone Tito que, em vez de se entregar às orações, condoía-se de sua condição e alimentava o rancor.

***

O dia do casamento foi marcado por uma grande e simples festa. Polidoro sacrificou uma ovelha a Apolo, sob os respeitosos olhares dos cristãos presentes que, por sua vez, oraram ao Senhor para que o jovem casal fosse feliz.

***

Algum tempo depois, chegou a notícia de que Ana estava grávida, deixando o velho Marcelo radiante. Lúcia, por sua vez, sabia que Tito não ficaria feliz com a novidade. A silenciosa senhora esperou seu filho mais novo, que usava uma barba falha e desgrenhada no rosto, chegasse com seu cajado ruidoso.

— Pela sua respiração, mãe — disse o rapaz buscando o banco que sabia estar no mesmo lugar de sempre —, sei que aconteceu alguma coisa.

Lúcia fitou o filho. O rapaz não era bonito, tampouco confiante. A mulher sabia que Tito era amargo, porém, ainda assim o amava imensamente. Estava segura que, de algum modo, Deus tinha bons planos para ele.

— Seu irmão será pai — disse Lúcia, após estender uma caneca de água para o caçula. — É um dia feliz.

— Certamente — retrucou o outro, com alguma alegria verdadeira. — Que esse pequeno que Deus nos envia possa enxergar como Paulo!

Uma lágrima rolou no rosto marcado da mulher. Sabia que os irmãos se amavam e entendia o esforço de Tito em parecer feliz por Paulo. Não compreendia a vontade de Deus em lhe confiar um filho deficiente, mas jamais reclamara.

— Mãe — disse Tito após alguns minutos —, tem algumas pedras novas entre nossa casa e a de Paulo. Me ajude a chegar até lá. Eu quero abraçá-lo.

Forte foi o abraço dos irmãos que muito se amavam. Ana, que tinha receio do cunhado por conta de sua aparência e de seu humor, permitiu que Tito beijasse respeitosamente suas mãos.

— Escolheram um nome? — perguntou Tito, esforçando-se sinceramente para ser simpático.

— Ainda não — respondeu Paulo. — Vamos esperar para decidir na hora do nascimento!

— Decerto que não seja Marcelo ou Polidoro! — atalhou Tito. — Ou teremos uma guerra aqui! Imagine a felicidade dos velhos!

CAPÍTULO 26

Nasceu, no modesto lar de Paulo, um belo menino que recebeu o nome de Valério. Tinha as feições da mãe, mas o cabelo escuro era como o do pai. A todo instante, Paulo buscava o irmão com seus olhos. Havia dias que Tito não se aproximava de sua casa.

— Paulo! — disse Tito, surgindo de repente na soleira da porta. — Onde está meu sobrinho?

Um grande sorriso se estampou no rosto de Paulo. Não ouvira o irmão caminhando lentamente pelo caminho árido que levava à sua casa e entendeu que era um atrevido plano de seu irmão para provocá-lo. Ana, com Valério nos braços, levantou-se para o cunhado se sentar na confortável cadeira, feita por ele mesmo.

— Eu vim visitar meu sobrinho — atalhou Tito. — Primeiro, deixei os visitantes, pois quero passar um tempo com esse garoto...

— Ele é um bebezinho — redarguiu Ana — e não pode sair dos meus braços ainda.

— Ah, pode! — exclamou o outro. — Por alguns momentos, pode sim — sentando-se pesadamente na sólida cadeira, Tito estendeu os braços finos e cheios de veias saltadas. — Dê-me cá Valério!

Paulo estava surpreso. Não imaginava aquela reação. Por alguns instantes, pensou que o irmão, ciumento que era, tencionava algum crime. Mas Nestor estava com eles naquele momento e enviou vibrações calmantes ao jovem pai. Ana, preocupada, também recebeu as mesmas vibrações que seu marido e o fitou. Porém, induzida pelo nobre mentor, a mulher entregou o pequeno bebê ao desajeitado tio.

Com Valério em seus braços, Tito experimentou uma estranha sensação. Parecia reconhecer o serzinho frágil em suas duras mãos. Subitamente emocionado, o antigo levita ergueu seu rosto em singela oração, pedindo saúde e alegria para o sobrinho, sob os olhares úmidos dos pais e de Nestor. Tito não sabia que Valério era seu filho Jeremias, reencarnado.

***

Tal como Paulo fizera com Tito desde o berço, o homem cego passou a dedicar muito de seu tempo ao pequeno Valério, que crescia forte, feliz e muito propenso aos ensinamentos evangélicos. E a presença do menino suavizou, em muito, a dura personalidade do amargurado tio.

Pouco depois de Valério completar três anos, o velho Druso, sentindo a morte, despediu-se de todos os companheiros da igreja e desapareceu nos campos. Marcelo, completamente calvo e de longa barba grisalha, embora não fosse tão vibrante quanto seu antigo amigo, tornou-se o líder da modesta igreja cristã. Aquele ano, futuramente, viria a ser chamado de ano 300.

— Vivemos um período de relativa paz — disse Marcelo à pequena assembleia pastoril — desde que Galiano, através de seu édito, nos concedeu liberdade de culto a Deus. — As palavras do líder tornaram-se um rouco sussurro proferido à luz das bruxuleantes fogueiras: — paz essa que não agrada aos imperadores de hoje. Sobretudo Diocleciano, que não nos suporta em suas tropas, mas que aprecia, pelo menos, nossos impostos. E não nos esqueçamos de Galério, que nos ameaça com o martírio também. — A voz do velho criador de animais, então, tornou-se possante: — todas as dores que nos lançam fazem-nos mais fortes em Cristo! Que é uma chibatada nas pernas perante a felicidade que Jesus nos ensina há tantas gerações? Nossos irmãos foram caçados desde os incêndios da velha Roma, e eis nossa fé cada vez mais radiante! Quem espera prova mais viva de que Deus é por nós? Quantas curas alcançamos? Quanta alegria nós adquirimos com o Deus vivo em nós?

Os homens e as mulheres do campo, ali presentes, concordaram com o novo pregador. Tito, de mãos dadas com Valério, ouvia taciturnamente seu pai. Ele não se sentia nem um pouco curado por Deus. Embora fosse alheio aos relatos que chegavam da cidade, trazidos por Paulo, Tito sabia que as outras igrejas estavam temerosas em relação aos governantes, que tinham expurgado do exército os soldados que eram declaradamente cristãos.

Dias depois de Marcelo assumir a liderança cristã nos campos da região da velha e cosmopolita Nicomédia, um grupo de homens da cidade, liderado por Eurius, foi até a modesta propriedade do líder religioso. Esse homem, duro e de ar severo, era o principal líder cristão da cidade, e sua ascensão atingia a diversas igrejas na região. Porém, seus ensinamentos, muitas vezes, divergiam do pensamento de Druso, e longos debates aconteceram entre eles. Agora, o sábio Druso havia se juntado ao Cristo conforme se dizia.

— Salve, bom Marcelo! — disse Eurius, à frente de seu grupo e fazendo com as mãos o sinal da cruz. — Precisamos conversar.

Marcelo sabia das intenções do companheiro de ideal e, como seu antigo mestre, não concordava com alguns dos pensamentos de Eurius.

— Meu irmão Eurius — respondeu Marcelo, abraçando o líder do grupo recém-chegado —, não os esperava! Tenho um pouco de pão e algum vinho...

— Nós o esperamos na semana passada, irmão Marcelo — disparou o outro. — Druso foi para junto do Pai. Agora precisamos decidir quem pode ficar no comando nos campos.

Marcelo engoliu em seco. Detestava o jogo que Eurius lhe apresentava. Ele não fora alçado a líder da comunidade rural por vontade própria. Foram as pessoas do vilarejo que, naturalmente, o haviam escolhido. Druso, sem dúvida, havia recomendado o nome de Marcelo para seu lugar.

— Não temos líderes formais aqui nos campos — disse Marcelo. — Mestre Druso nunca se apresentou como chefe, mas víamos nele a luz necessária para nosso crescimento.

— Os tempos de Druso são passados — retorquiu Eurius, quase num rosnado. — Precisamos sobreviver! E para isso temos que nos organizar! Os ensinamentos de Jesus estão sendo deturpados, e precisamos que só os eleitos sejam detentores da palavra! Eu venho para ver se você, meu pobre amigo, tem condições para ser reconhecido por nós como chefe cristão.

— Eleitos? — indagou o simples Marcelo. — Que devem ser escolhidos por quem? Por você? Não, o evangelho brota no coração dos humildes. Logo você vai propor que os líderes usem a púrpura!

Tito que estava presente sentado em seu banco, trançando as cestas, gargalhou. O pequeno Valério imitou seu tio. Tomados de cólera, Eurius e seu pequeno grupo cerraram os punhos diante daquela afronta.

— Meu pai, o que há? — indagou Paulo, surgindo dos campos e trazendo em uma corda duas ovelhas para vender na feira da cidade. — Nobres irmãos, salve!

— Seu pai nos afronta! — bradou João, um dos companheiros de Eurius. — Nos ofendeu profundamente. O que o Cristo diria se visse isso?

— Cristo está vendo a afronta de vocês — rosnou Marcelo. — Querem matar a essência do pensamento do Nazareno propondo líderes infalíveis. Quem aqui é perfeito senão o Crucificado?

— Druso envenenou sua alma — riu Eurius —, distorce nossas palavras. Pois bem! Eu o tinha em boa conta. Sempre o achei limitado, mas de bom coração. Divulgarei a todos os irmãos que você, Marcelo, criador de ovelhas, não é um ungido do Senhor. Sua igreja, pequena e modorrenta, fracassará!

Virando as costas, Eurius e seu grupo partiram. Entardecia, e Marcelo não esboçou reação. Paulo, com Valério nos braços e ao lado de Tito, guardou silêncio.

— Oremos por eles — proferiu o velho — que não entenderam as palavras do Nazareno quando disse "amai-vos uns aos outros".

CAPÍTULO 27

Eurius cumpriu sua palavra. Enviando cartas a todas as pequenas e discretas comunidades cristãs da Nicomédia, o líder informou uma série de mentiras a respeito do silencioso Marcelo. As famílias rurais, compostas pelas mais humildes pessoas incluindo aí as pagãs, permaneceram ao lado do tirano líder cristão.

Paulo, em um raro momento de exasperação, foi duas vezes às reuniões dos cristãos na cidade, e caloroso foi o debate entre ele e o endurecido Eurius. E, nas duas vezes, Paulo regressou para casa com o peito opresso.

— Por isso, não vou à cidade — disse Tito ao irmão — muita falsidade.

— Você não vai à cidade por não conseguir andar sem tropeçar — respondeu o outro —, mas em parte está certo. Há muita falsidade — o homem, então, suspirou. — Por que, irmão, existem tantos opressores? Entendo os governantes. Mas nosso próprio povo oprimir a si mesmo?

— Jesus não veio para ensinar a todos? — disse Tito, espantando-se com suas próprias palavras. — Não podemos imaginar que os cristãos, só por se identificarem assim, sejam melhores do que outros. Podemos, em parte, ser piores, pois sabemos o que fazer e não fazemos.

— Tenho cá à mão um sábio! — exclamou Paulo, com um franco sorriso. — Druso ficaria feliz! E eu estou muito feliz por ouvir tais palavras, muito abençoadas, de você!

Tito resmungou e, com seu cajado nas mãos, tomou a direção de sua casa. Em uma muda oração, Paulo agradeceu aos céus por ter ouvido de seu irmão palavras tão iluminadas.

Os dias correram novamente velozes. As notícias das disputas entre os imperadores assustavam a todos. A presença dos cristãos, por todo o império, incomodava aos cultos seculares. Muitas vozes sussurravam contra a divindade dos imperadores.

Ao fim do dia, chegando da cidade, Paulo foi até a casa de seu pai, onde estavam Ana e o pequeno Valério. Seu semblante era carregado. O velho Marcelo percebeu que o assunto era grave. O ancião vira aquele olhar antes, quando Paulo, muito menino, vira soldados romanos trucidarem uma família recém-convertida à doutrina cristã. Antes que seu filho mais velho falasse, Marcelo fez uma sentida oração, que foi acompanhada por todos.

— O imperador Diocleciano acaba de declarar a ilegalidade da fé cristã — disse Paulo, quase num sussurro. — O povo deve reconhecê-lo como um deus vivo, render sacrifícios a ele, bem como aos demais deuses. Todos os funcionários públicos e soldados, que não renegarem o Cristo, perderão seus cargos e podem ser executados!

— Bem quando a igreja da cidade está sendo construída — disse Lúcia, pondo as mãos na cabeleira grisalha. — Deus nos ampare!

As igrejas, naquela época, muitas vezes, funcionavam nas casas dos cristãos, ou ainda em catacumbas e outros lugares indesejados pela maioria. As primeiras igrejas, como templos religiosos, começavam a ser erguidas nas cidades do império. Em Nicomédia, não seria diferente. Aquele era o ano de 302, quando Diocleciano e Galério haviam se reunido para definir os rumos do império, incluindo a questão dos cristãos.

O inverno veio soturno. Nuvens pesadas pareciam se assentar sobre a cabeça de todos. No plano espiritual, benfeitores se desdobravam inspirando fé e resignação nos processos que se desenrolariam.

Veio, por fim, o mês de fevereiro. Na praça de Nicomédia, arautos pregaram nas paredes o grande édito imperial. Fora no dia do festival Terminália, dedicado ao deus Término, senhor das fronteiras, que os imperadores lançaram um golpe contra os cristãos. As escrituras cristãs deveriam ser destruídas, os lugares de culto seriam arrasados e negava-se o direito judicial aos cristãos.

Enquanto os arautos anunciavam as determinações imperiais, Eurius, tomado de cólera, avançou sobre os funcionários do Estado e tomou algumas cópias do édito imperial. O líder cristão acabou preso, enquanto seus companheiros fugiam o mais depressa que podiam.

Naquele mesmo dia, um cavaleiro se dirigiu à propriedade de Marcelo. Era um legionário, veterano de muitas guerras, chamado Cláudio. As patas da égua levaram rapidamente seu mestre pelos caminhos poeirentos, saindo da opulenta Nicomédia.

Tito, com sua audição aguçada, ouviu ao longe a chegada do cavaleiro e gritou para alertar a família. Paulo e Marcelo estavam com o coração opresso e sentiam que notícias terríveis logo chegariam.

Cláudio cruzou as marcas que identificavam que aquelas terras pertenciam a Marcelo. Com sua mão esquerda erguida, o decurião chamou pelo amigo de muitos anos. Saltando agilmente de sua montaria, Cláudio saudou Marcelo, apesar de seu cenho marcado estar franzido como raras vezes o sitiante vira.

— Meu amigo — disse o decurião de cabelos grisalhos e larga cicatriz na face esquerda —, tenho notícias muito ruins para você e sua família.

— Salve, meu caro Cláudio — proferiu Marcelo, erguendo uma caneca de água ao visitante. — Antes, meu amigo, beba e refresque-se!

— Não posso — retrucou o veterano — estou cumprindo meu dever. — O homem fitou o céu da tarde em muda oração ao seu deus, a quem chamava de Mitra. — Diocleciano e Galério decidiram acabar com os cristãos. Chamam-nos de infiéis ao império. Eles decretaram que os templos cristãos devem ser fechados e os livros sagrados confiscados — o legionário engoliu as palavras por algum tempo. — Meu amigo Marcelo, os imperadores declararam que os cristãos não têm quaisquer direitos legais. Quem não abjurar publicamente dessas crenças proibidas, pode perder tudo.

Em silêncio, Marcelo e sua família ouviram as dolorosas palavras do velho soldado. Marcelo, subitamente, sentiu uma vertigem, e Paulo o amparou. Ana, com Valério em seus braços, e Lúcia sentiram lágrimas rolarem em seus rostos. Tito, por sua vez, cerrou os punhos, tomado por pensamentos sinistros, arraigados ao longo dos séculos.

— Lutaremos — rosnou Tito. — Pegaremos em armas!
— Não, meu filho — volveu Marcelo. — O Mestre disse: "quem viver pela espada, morrerá pela espada"!
— Não podemos ser abatidos como ovelhas, meu pai! — exclamou Tito, trêmulo de raiva.
— Marcelo — disse Cláudio, com franqueza —, somos amigos há muitos anos. Peço que considere a conversão. Faça sacrifícios aos deuses e jure lealdade aos imperadores! Seu Deus não se importará se assim o fizer.

Marcelo sorriu para o amigo de juventude. Sabia perfeitamente que Cláudio arriscara muito de seu prestígio para ir até os campos levar as notícias do édito imperial. De repente, o velho se recordou que Jesus, em certa passagem, curara o servo de um centurião. Em momento algum, daquela velha história, Jesus perguntara ao soldado qual era o deus que ele adorava. Na mente do pai de Paulo e Tito, para Jesus importava apenas a fé do centurião, não importasse qual forma ela tinha — a de Zeus ou a de Deus, Criador do céu e da terra.

— Sem dúvida, poderíamos assim proceder, Cláudio — ponderou Marcelo —, Deus é amor e entenderia. Mas vivemos em tempos nos quais nossas ações podem solidificar os cristãos de amanhã. Deus está conosco! Se tivermos de padecer humilhações, assim o faremos!

Cláudio balançou negativamente a cabeça. Tito, por sua vez, jogou longe seu cajado. Nenhum dos dois acreditara no que ouviram. Ana e Lúcia se entreolharam e sentiram um medo indescritível. Não se sentiam heroicas como Marcelo e Paulo. Amavam seus esposos, mas aceitariam de bom grado uma falsa conversão ao paganismo.

— Essa foi minha última missão como soldado do império — disse Cláudio, por fim. — Meu tempo de guerras terminou e minha força logo se esvairá. Viverei em Pafos, meu caro Marcelo. Tenho família lá.

— Que Deus e nosso Mestre Jesus possam guiar seus passos — disse Marcelo, apertando fortemente as mãos do amigo. — Nós nos veremos novamente, neste mundo ou no próximo!

— Que Mitra, meu deus, possa protegê-lo nestes dias vindouros — sorriu o veterano soldado. — Tanto ele quanto seu Jesus têm muito em comum. Mais do que você imagina! Até um dia, meu amigo, sob este Sol ou no Xeol!

CAPÍTULO 28

Eurius, em praça pública, foi queimado na fogueira dias depois do édito ser lançado. A grande igreja da Nicomédia, recém-construída, foi derrubada, e muitas casas dos cristãos foram destruídas. Soldados foram expulsos do exército por se recusarem a abjurar da fé cristã. Muitos foram aqueles que juraram lealdade aos imperadores e realizaram sacrifícios aos deuses pagãos. Porém, houve resistência. Logo, prisões, tortura e morte se alastrariam por todos os cantos.

Alguns diziam que Diocleciano proibira o assassínio dos cristãos, mas Galério, tomado por incompreensível ódio, determinara que os cristãos padecessem nas fogueiras que iluminariam malignamente todo o império.

— Vamos fugir — dizia Tito — antes que os soldados venham aos campos!

— E para onde vamos? — volveu Marcelo, com uma estranha serenidade.

— Meu pai — disse Paulo —, poucos são os cristãos nos campos. Os pagãos estão em maior número e são nossos amigos. Mas creio que isso não perdurará. Acredito que devamos ir embora.

Tito segurou as mãos do amado irmão. Sabia que Paulo tinha uma fé imensa. Muito maior do que a dele. Tito percebia que seu irmão mais velho estava preocupado com as mulheres e com o pequeno Valério.

— Não vou deixar esta terra — insistiu Marcelo —, ela é nossa. Meus pais e irmãos morreram aqui. Eu hei de ser enterrado aqui!

— O apego às coisas mundanas, meu pai — retrucou Paulo com máximo respeito —, é algo que Jesus desaprova. Somente nossos espíritos são nossos! O senhor sabe disso!

Marcelo alisou a cabeça suada. Havia um penoso dilema em seu coração. Sentia-se velho e cansado. Percebia a verdade nas palavras do sábio filho, mas algo fazia com que ele permanecesse nas terras em que vivia.

— Eu ficarei — anunciou o velho. — Vocês irão embora imediatamente. Levem Lúcia, Ana e Valério para longe. Os ensinamentos do Cristo serão protegidos por vocês.

Lágrimas rolaram no rosto do ancião. Paulo abraçou seu genitor, enquanto Tito, tomado de ódio, correu porta afora. O rapaz encontrou o pequeno Valério vindo em sua direção e, repentinamente, seu humor mudou. Ana e Lúcia vinham logo atrás.

— O velho está com ideias ruins — resmungou Tito com seu sobrinho no braço esquerdo enquanto seu cajado abria caminho. — Paulo está desesperado. Talvez nossa mãe consiga por juízo na cabeça dele!

— Marcelo há de me ouvir! — exclamou Lúcia, cujo temperamento era forte. — Se vai!

As mulheres correram para a casa do chefe da família, e Tito tomou a direção dos campos. Sentia-se mais leve com o pequeno que tanto amava. Desejava, sempre que tinha Valério nos braços, ter olhos para contemplar o sobrinho adorado.

Os pés de Tito tinham-no levado para junto de altas pedras, que se assentavam perto de algumas belas oliveiras cultivadas pela família. Era um lugar aprazível. Fazia muito calor apesar de ser primavera.

— Conte uma história, tio! — pedira o menino, com autoridade quase imperial a Tito.

O vento farfalhava os galhos das oliveiras. Tito buscava em sua memória alguma história para o sobrinho. Ao longe, seus ouvidos detectaram um tropel e, logo, sob os pés do homem cego, o chão começou a trepidar. Subitamente, Tito soube do que se tratava. Os cavaleiros, para chegar à casa de seu pai, teriam de passar por ali. Por ele.

— Deus — disse Tito, pondo Valério atrás de uma das grandes pedras e indicando que ele ficasse em silêncio —, me tirou a visão, não me tire a família! Me dê força para lutar contra os inimigos!

O tropel, a essa altura, já ecoava pela região. Tito podia ouvir claramente o relinchar dos animais e o rosnado dos soldados. Pondo-se no caminho que havia entre duas velhas oliveiras, Tito afastou as pernas magras e brandiu desafiadoramente seu sólido cajado. Ouviu a risada dos soldados que avançavam rapidamente.

— É o filho cego de Marcelo! — gritou o chefe dos legionários, um dos novos soldados que infestavam Nicomédia. — Vou matá-lo com um chute!

O cavaleiro, hábil guerreiro, avançou sobre Tito, impassível e tomado de fúria. Valério, encolhido atrás da pedra, pranteava silenciosamente, sob a proteção espiritual de Rute. Druso e Varana, perto de Tito, acompanhavam o desenrolar do drama, enquanto Nestor acalentava o coração de Marcelo e dos demais.

O chute do legionário acertou em cheio a face de Tito, que tentara golpear o cavaleiro. Deslocando-se no ar por quase um metro, Tito caiu dolorosamente no chão duro e pedregoso. Desmaiara ante o possante golpe, e seus ferimentos sangravam abundantemente. O grupo de atacantes, certo de que já havia executado a primeira das vítimas, prosseguiu até a casa de Marcelo.

O grupo de dez soldados cercou a modesta casa de Marcelo. Três outros foram até a residência de Paulo, que ficava a poucos metros. Com dignidade, o velho Marcelo, de mãos dadas com Lúcia, saiu de sua casa. Fora seguido por Paulo e Ana, cujos olhos varriam a região em busca de Valério.

— Tito deve ter se escondido com nosso filho — balbuciou Paulo a esposa. — Eles vão escapar disso tudo. Tenha fé!

O semblante altivo e sereno de Marcelo impactou os soldados que vinham prender os cristãos. O centurião Júlio, o líder dos soldados, proferiu as acusações de traição e decretou a prisão de Marcelo e de sua família. Alguns dos soldados haviam postos olhos cheios de luxúria sobre a bela Ana, que tremia sob os braços de seu marido. Nestor, com suas vibrações, afastou os espíritos maus que rondavam os cavaleiros e dissipou os pensamentos de estupro dos legionários. Seus pupilos passariam pelos tormentos programados e só. Era uma dura prova que o grupo passaria, e o mentor sabia que seus filhos do coração venceriam.

— Serão levados para a cidade! — anunciou o centurião. — Suas terras estão confiscadas.

— O que será de nós? — indagou Marcelo, tomando por uma sólida serenidade, que surgira momentos antes, quando Lúcia pedira para o esposo fazer uma oração. — Seremos presos? Escravizados?

— Certamente — respondeu o centurião tomado por uma súbita reverência, pois notara que aquele estranho velho lembrava seu falecido e adorado pai. — Pode ser que tenham a chance de jurar lealdade aos verdadeiros deuses!

Os soldados amarraram a família e saquearam as duas casas. Os animais foram reunidos para serem levados para a cidade. O centurião colocou o édito imperial na porta de entrada e, abaixo deste, um documento que desapropriava as terras de Marcelo para a posse do império.

— Centurião — disse um dos soldados —, temos que avançar logo para encontrar com o decurião Rufo. — Estamos atrasados! A essa altura, ele deve ter capturado as outras duas famílias de hereges.

Marcelo sabia que os soldados falavam das famílias de Estevão e Máximo, companheiros de ideal. Acabavam-se, assim, os cristãos dos campos sulistas da Nicomédia. Em muda oração, Paulo pedia forças para sua família. O humilde cristão orava por seu filho e por seu irmão.

O grupo partiu para o oeste, aonde o centurião e seu grupo iriam se encontrar com as outras forças captoras. Não tardou, porém, que os legionários se reunissem nos campos. Os cristãos foram reunidos sob gritos e tapas. Os cativos se abraçaram em lágrimas. Marcelo percebeu que Estevão não estava entre eles. O filho Teodoro, um homem gentil, disse ao líder dos cristãos que seu pai tentara lutar e fora morto diante de sua própria casa. O corpo de Estevão agora apodrecia sob o sol, preso por uma estaca diante da propriedade arrasada.

— Vamos orar — disse Marcelo a seus companheiros. — Enfrentaremos nossas provações com o amor de Deus em nossos corações. Antes, eu fraquejei. Agora, não mais! Vamos orar como Jesus nos ensinou!

Ajoelhados, os prisioneiros oraram fervorosamente o pai-nosso. Em silêncio, os legionários observaram o feito dos cristãos. Alguns deles simpatizavam com a crença dos nazarenos, mas temiam encontrar a mesma sorte daqueles que tinham se negado a abjurar a religião proibida.

CAPÍTULO 29

Os cristãos aprisionados nos campos foram levados à prisão na cidade. Foram postos todos juntos, graças à intervenção dos benfeitores espirituais, que não abandonavam seus pupilos. Havia muito medo, mas existia também muita fé. Os cativos entendiam que Jesus estava com eles naquele momento difícil e somente o perdão das ofensas poderia abrir as portas do paraíso.

Por toda a cidade, notícias falsas sobre o mau proceder dos cristãos se espalhavam. Dizia-se até que os cristãos planejavam atentados contra Diocleciano e Galério. Cartas falsas eram apresentadas ao público, que clamava por sangue.

Enquanto Marcelo e os demais padeciam no cárcere, Tito recobrava a consciência. Valério, com lágrimas no rosto sujo, estava ao seu lado. Abraçando o menino, o rapaz chorou amargamente. Sabia que sua família se fora. Temia por Valério.

— Deus nos abandonou — rosnou o homem sofrido. — Quando mais precisei, onde estava?

Rute, preocupada com os pensamentos sombrios do amado de séculos, sempre estivera ao lado de Tito. Em seu sono, muitas vezes, o artesão ouvia uma doce voz de mulher, que o exortava ao bem e a ter esperança. Naquele momento de suprema dor, a entidade enviou ainda mais suas vibrações benfazejas. Druso, que também estava ali, tentava acalmar o tutelado.

Por fim, graças à intervenção dos espíritos, Tito resolveu sair dali com seu sobrinho. A noite ia alta e lúgubre. Atento aos sons, Tito se aproximou de sua casa e encontrou algum pão e um frasco de vinho. Enquanto alimentava o sobrinho, a audição do cego percebeu passos no entorno da casa. Agora haveria luta.

— Tito — disse uma voz rouca, muito conhecida do caçula de Marcelo —, graças a Apolo!

Polidoro, com uma espada nas mãos, havia chegado até ali. Na companhia dele estavam Lucrécio e Otávio, irmãos de Ana. Tito respirou aliviado e baixou seu cajado. Valério correu até o avô materno que, ajoelhado, rendia graças aos deuses olímpicos.

— Pensei que meu neto estava morto — disse o gentil ancião, que trabalhava como ferreiro — mas alguma coisa me trouxe aqui!

— Sabe dos meus pais e de Paulo? — indagou Tito, após algum tempo.

— Devem estar na prisão — disse Lucrécio — junto com os demais cristãos.

— Jamais pensei que haveria uma perseguição dessas — disse Polidoro. — Essa seita sempre teve problemas. Mas agora...

— Não culpe os cristãos, meu pai — interveio Lucrécio, que era cristão, pelo que Tito sabia. — Isso é jogo político, e a verdade vai aparecer.

— Basta! — bradou o velho ferreiro. — Chega de falar disso! Veja que desgraça nos abateu! Perdemos nossa Ana! E você, Lucrécio, amanhã vai sacrificar em favor de Apolo! A todos os deuses! É uma ordem!

O rapaz silenciou. Acataria a ordem paterna.

Polidoro fitou o rosto ferido de Tito, que sabia que o velho viera apenas buscar Valério.

— Não posso levá-lo, Tito — disse Polidoro com frieza, pois não se sentia à vontade com aleijados, achando-os amaldiçoados. — Criarei Valério caso Ana não seja libertada.

— Certamente — retrucou Tito, com altivez. — É melhor, assim os soldados não o incomodarão, pois o senhor é um notório seguidor de Apolo.

— Cuide-se, Tito — disse Polidoro, com respeito —, você deve sair daqui. A casa foi tomada pelo governo e em breve alguém a ocupará.

— Para onde irei? — indagou Tito, batendo com seu cajado no chão duro.

— Ficar aqui é morrer — disparou o ancião. — Marcelo ia querer que você vivesse.

Polidoro e seus filhos se viraram para ir embora. Valério, percebendo que Tito ficaria para trás, tentou se desvencilhar do avô. Rapidamente, o menino gritava e chutava Polidoro para voltar aos braços do tio. Tito insistiu para que o menino fosse com o avô, mas o pequeno, ao se libertar do abraço do idoso, correu para as pernas do tio e não havia nada que o fizesse largar.

— Devemos levar o cego, meu pai — disse Lucrécio, inspirado por Rute. — Podemos escondê-lo.

— Está louco? — retrucou Polidoro. — O filho de Marcelo é conhecido, mesmo na cidade. Seríamos presos também!

— Viemos para encontrar Valério — disse Lucrécio — e o encontramos protegido por Tito. E se Apolo assim deseja?

— Não me julgue por tolo, rapaz — vociferou o ferreiro —, não temos como levar Tito!

— Deixemos, então, nosso sobrinho aqui com o cego — disparou o até então silencioso Otávio, o filho mais velho de Polidoro. — Que seja!

Polidoro fitou Valério. Fora induzido por Druso a ir buscar o neto, que sempre o encantara pela inteligência precoce. Não iria deixar o filho de sua amada Ana para trás.

— Venha conosco — murmurou Polidoro a Tito. — Ficará na ferraria até toda essa desgraça passar.

Valério escapou dos braços do avô e correu até seu amado tio. O grupo, cheio de suspeitas, percorreu o caminho de volta até a cidade. O dia raiava estranhamente fúnebre sobre Nicomédia.

CAPÍTULO 30

Polidoro e seu grupo seguiam o mais discretamente possível pelas estreitas ruas da turbulenta Nicomédia. O medo empesteava o ar. Judeus, gregos, orientais e até mesmo romanos de nascimento estavam temerosos por conta da perseguição imperial. Desafetos denunciavam os próprios vizinhos, ainda que não fossem cristãos, sob alegações falsas para conseguirem mesquinhas vinganças. Soldados e tribunos estavam por toda a parte, com a face semioculta pelas placas metálicas dos elmos.

Justina, esposa de Polidoro, e Teodora, companheira de Otávio, encontraram-se com os homens diante da humilde casa do ferreiro, na região mais pobre da cidade. Com lágrimas nos olhos, as mulheres abraçaram Valério. Elas eram cristãs há pouco tempo mas, por ordem do chefe da família, agiam de acordo com as normas da religião pagã.

— Ouvimos dizer — disse Justina ao esposo assim que eles entraram em casa, e Antônia, a jovem esposa de Lucrécio, se apresentou com duas jarras de água fresca e pão — que fogueiras serão acesas hoje! Antes da nona hora. Meu coração está muito apertado!

— Esperemos pelo pior — asseverou o velho ferreiro. — Perdemos nossa Ana, mas salvamos nosso neto!

— E quanto a Tito — indagou a idosa —, o que faremos com ele?

— Ficará na ferraria — disse Polidoro. — Não podíamos deixar um aleijado para trás.

Tito ouviu as palavras sem dar atenção a elas. Seu coração estava totalmente voltado para sua família cativa. Não sentia cansaço ou fome. Viera pelos caminhos dos campos até a violenta cidade, a qual detestava, praticamente trazido pelo heroico e pequenino Valério, que não chorara uma única vez.

— Temos de ir ao martírio — disse Otávio, com praticidade. — Muitos suspeitam de nós. Tenho dois filhos que não podem se juntar a Valério na orfandade.

As palavras de Otávio eram insensíveis, mas verdadeiras. Ele era devoto dos deuses romanos. Tolerava sua mãe e esposa por amá-las profundamente, mas não conseguia entender a filosofia cristã, que pregava humildade extrema.

Ainda coberta de poeira, a família trabalhadora de Polidoro tomou a direção da praça, onde os éditos eram pronunciados. Lá havia alguns templos, incluindo as ruínas da igreja cristã. Outras pessoas, cristãs há pouco tempo, se juntaram ao grupo atormentado e algumas delas reconheceram o velho ferreiro. Evidentemente, por temor ao martírio, tinham se voltado aos velhos deuses, pelo menos de forma pública. O ancião se perguntou por que Marcelo e sua família também não poderiam ter feito isso e sobrevivido. Polidoro acreditou, então, naquele momento, que seus parentes, por via do casamento de Ana e Paulo, pereceriam por conta do orgulho.

Chegaram, enfim, à praça. Sete altas toras encimavam uma pilha de lenha seca. Bastante palha e velhos trapos preenchiam os espaços entre as grossas ripas para manter o fogo. As marcas do fogo estavam por toda a praça, como se fosse um cruel alerta de que as execuções já tinham iniciado.

Eurius e alguns de seus seguidores tinham sido queimados vivos dois dias antes, e a fumaça terrível se ergueu aos céus. Houve quem achasse que as fuligens fossem incendiar toda a cidade. Mas alguém disse que os deuses manteriam a grande cidade intacta. Houve quem acreditasse, embora soldados estivessem alerta para prevenir algum desastre.

Os cidadãos de Nicomédia se reuniram para ver as execuções do dia. Todos conheciam os prisioneiros. Um elegante tribuno, desses que chegaram à cidade havia pouco tempo, subiu à cátedra de madeira erguida dias antes. Sua fronte arrogante se voltou para a plebe. Legionários se espalharam pela região. Muitos deles também não eram moradores da cidade, tendo sido deslocados de seus setores de origem para implementarem o tenebroso édito imperial. O objetivo dos líderes era evitar que os soldados auxiliassem os amigos e, dificultando, assim, uma eventual fuga dos cristãos.

— Cidadãos! — bradou o tribuno Agenor após erguer as mãos para o alto. — Os divinos Diocleciano e Galério zelam pela bonança do império! Nossos augustos pais desejam que nossa segurança esteja garantida! Os traidores que no passado incendiaram a própria Roma e agora ameaçam os lares honestos, serão apresentados para que o Sol de Apolo mostre a vós, o povo, como a vilania pode se ocultar em faces amistosas! Que sejam derribados e levados pelo fogo!

As palavras malignas de Agenor exaltaram muitas pessoas na multidão, que gritavam em concordância. Otávio foi um deles, para desgosto de seus familiares. Tito, com suas mãos nodosas, apertava seu cajado com violência. Valério, como se pressentisse os pensamentos desesperados do tio, saltou do colo de Antônia buscando o amparo de Tito. Enquanto o rapaz cego erguia o sobrinho, alguns guardas trouxeram sete vítimas: Marcelo, Lúcia, Ana, Paulo, Tomás, Cláudio, soldado que tinha se recusado a renegar os preceitos cristãos, e Cornélio, um romano bem nascido que era notório cristão e costumava debater com os sacerdotes pagãos da cidade.

Os cativos foram colocados nos postes sob os olhares dos cidadãos. Os prisioneiros estavam, à exceção do altivo Paulo, aturdidos. Sem dúvida, os vacilantes cristãos amarrados se perguntavam onde Deus e Jesus estavam. Paulo, cujo rosto apresentava ferimentos, pois tinham tentado quebrar seu espírito, fitou o tribuno e, em seguida, o povo. O dedicado cristão encontrou seu amado irmão e seu filho. Sorrindo, o primogênito de Marcelo agradeceu a Deus por saber que eles tinham sobrevivido. Com um significativo olhar, Paulo indicou a Ana e a seus pais que Tito e Valério estavam sob a proteção de Polidoro.

— Vejam como o medo se instala nos corações infiéis — gritou o tribuno Agenor. — Os planos deles, de atormentar Nicomédia, foram arruinados!

— Meu Pai, que está nos Céus — a voz possante de Paulo irrompeu, fazendo toda a balbúrdia cessar —, nós não culpamos a ninguém pelos desatinos que aconteceram! Sabemos que o verdadeiro reino não é desse mundo e que Jesus é nosso Senhor! Ele nos manda perdoar os inimigos!

— Nestor e Varana, junto com outros mentores espirituais, irradiavam incessantemente bálsamos aos que seriam martirizados. Flocos de luz caíam por toda a Nicomédia, provenientes do Alto. — Bem-aventurados os aflitos, pois serão consolados!

— Paulo sorria, e suas palavras ecoavam no coração de todos os presentes. — Bem-aventurados, disse Jesus, aqueles que têm fome e sede de justiça, pois serão saciados!

Tito ouvia as palavras comovidas de seu irmão. Sentia que os olhos de Paulo estavam pousados nele. Todo o rancor e o ódio que o cego sentia naquele momento foram dissipados. Espíritos trevosos, em grandes bandos, silenciaram ante as palavras benditas de Paulo, e muitos se rendiam, aos prantos. Outros, porém, encolhiam-se e se afastavam.

— Bem-aventurados aqueles que são insultados, caluniados pela causa do Cristo Jesus! — bradou Paulo, por fim.

Enquanto Paulo discursava, reanimando seus companheiros de sofrimento e dando silenciosa esperança aos cristãos, que estavam na multidão, Agenor recobrou seu vil intento. O tribuno estava sendo tangido por forças trevosas e, em pessoa, correu até onde as piras estavam. Jogando as tochas nas piras, estas se incendiaram imediatamente. O cheiro de morte se fez presente e, em vez de gritarem aterrorizadas, as vítimas, lideradas por Paulo, entoaram um cântico de louvor a Deus. Uma a uma, as vozes foram silenciando. A primeira de Lúcia, a segunda de Cornélio. Em seguida, Marcelo, Cláudio, Ana, Tomás. A voz possante de Paulo fora a última a silenciar. Nenhuma das testemunhas exultara, até mesmo os soldados fitavam o chão. Os mártires não pereceram como criminosos, mas como heróis.

Espíritos de luz, liderados por alguém de vulto maior que Nestor e Varana, ergueram os martirizados. Paulo, ligeiramente desorientado, conseguiu divisar Tito e Valério. Sorrindo nos braços de Pedro, que descera dos planos superiores, Paulo seguiu para o mesmo núcleo espiritual de onde partira.

CAPÍTULO 31

Os dias seguiram sombrios. As cinzas dos martirizados pareciam que estavam por todos os lados, como se fossem um estranho alerta aos cristãos. O cruel tribuno havia impedido que os restos carbonizados fossem sepultados pelos familiares que, temendo a prisão e o suplício, ficaram em silêncio. Os mártires, por ordem do legado imperial, foram enterrados em uma simples vala perto dos muros da cidade.

Polidoro e sua família eram vigiados por muitos olhos sinistros, e coube ao velho ferreiro render mais sacrifícios aos deuses pagãos para acalmar os que estavam encarregados de caçar os cristãos. O espírito de Rute, acompanhado do benfeitor Honório, praticamente se instalou vinte e quatro horas por dia no lar de Polidoro, que abrigava os filhos e suas respectivas famílias, além da ferraria onde vivia Tito. Os amigos espirituais afastavam os espíritos mal-intencionados e buscavam acalentar os corações doloridos pela tragédia e pelo deboche das pessoas levianas.

— Meu pai — disse Lucrécio após o quinto dia do martírio de sua irmã e de seu cunhado —, sinto em meu coração uma vontade de ir embora.

— E para onde irá com sua esposa? — volveu Polidoro, após engolir um pedaço de pão.

— Pafos — respondeu o jovem — ou até mesmo à Gália. Quero ir para longe daqui.

— Um pobre como você ir para tão distante — retrucou o ancião, balançando a cabeça grisalha. — Não chegaria a três léguas daqui. E como levar Antônia? Você sabe muito bem o que os salteadores fariam com ela...

Lucrécio sabia perfeitamente. Sua prima Eulália e o esposo, dois anos antes, foram trucidados na estrada enquanto viajavam sozinhos para a velha cidade de Pérgamo. O casal tinha ido tentar a vida em outro lugar, após o homem perder todas as finanças na jogatina. O corpo da delicada Eulália fora encontrado despido e com marcas do terrível ultraje que aterroriza, sobretudo, as mulheres.

Enquanto pai e filho conversavam, um homem rico chegou à ferraria humilde. Tito, com Valério em suas pernas, recebeu o recém-chegado, enquanto Antônia foi buscar o sogro e o esposo. Esfregando as mãos ossudas, Polidoro foi até o cliente conhecido com um largo sorriso. O ferreiro curvou-se ante o opulento Dióscoro, um dos homens mais ricos e orgulhosos de toda a região da Bitínia.

— Salve, mestre Dióscoro — disse Polidoro —, sua encomenda está pronta!

— Achei que fosse encontrar outro cenário — retrucou o outro. — Não faz muito tempo que sua filha e parte da família do marido dela foram queimadas.

Engolindo em seco, Polidoro reprimiu o orgulho e fitou o filho cabisbaixo. Tito, mais atrás, apertou com força seu cajado.

— Acolheu o filho cego de Marcelo, assim vejo — prosseguiu o arrogante Dióscoro —, e o moleque aos pés dele deve ser o filho do pedante Paulo. Que alma boa você tem, meu caro Polidoro! Mais bocas para alimentar. E bocas cristãs!

— Tito não é cristão — murmurou Polidoro — e sua encomenda está pronta, meu senhor.

Rapidamente, Lucrécio trouxe grandes tripés lindíssimos, para a apreciação afetada de Dióscoro. O poderoso de Nicomédia ordenou ao jovem que colocasse os produtos na grande carroça que trouxera. Sob os olhares dos escravos de Dióscoro, Lucrécio depositou cuidadosamente os tripés e as ferraduras que fizera com seu irmão e seu pai.

Após pagar Polidoro, Dióscoro dirigiu ao ferreiro um olhar cínico e foi embora na liteira que o aguardava ao lado da carroça. Ruidosamente, o cruel homem se foi dali.

— Dizem que a filha dele é cristã — disse Polidoro, com desdém. — Dizem também que ela vive reclusa, longe e impedida de vir à cidade. Que ela lhe traga muitos desgostos!

Lucrécio, em silêncio, ouviu as palavras ferozes de seu pai. O rapaz sabia que a amiga de Antônia, Bárbara, era filha de Dióscoro, e que fora reclusa em uma torre. Certamente, pensou o jovem, custara muito caro ao ganancioso Dióscoro livrar sua filha do martírio na fogueira e também para ele próprio escapar da execração pública.

***

Naquela noite, Tito estava sentado ao lado do pequeno Valério. Sua vida mudara drasticamente, e ele sentia um imenso vazio. Essa triste sensação só não era pior por conta do amado Valério que, sem saber, lhe salvara a vida. O filho de Marcelo sabia que era questão de tempo até Polidoro livrar-se dele, ou então os soldados romanos chegarem à ferraria e arrastá-lo pelas ruas da cidade, que nunca apreciara. Estava absorto em seus pensamentos, com o pequeno sobrinho adormecido no colo, quando ouviu passos.

— Tito, quero conversar com você — disse Lucrécio, sentando-se diante do cego. — Sei que não é um bom cristão, mas não tenho ninguém com quem falar.

— Você tem Antônia — retrucou Tito, com azedume. — Ela já cansou de você?

— Ela concorda com tudo que eu faço — asseverou o homem mais jovem —, e você é contestador. Tem capacidade de argumentação.

— O que você quer? — indagou Tito, secamente.

— Ir embora — respondeu Lucrécio, em um lamento. — Sinto que aqui teremos morte e sofrimento.

— Não é isso que Jesus espera de nós? — sorriu Tito, sabendo que aquelas palavras não eram verdadeiras, mas seu coração estava tão dolorido que deu margem àquela frase infeliz.

— O Nazareno ensina que vencer o sofrimento com serenidade e fé nos aproxima Dele — volveu o jovem, com súbita confiança insuflada por Rute — mas não acredito que haja futuro para nós aqui!

— Nós! — exclamou Tito, fazendo Valério remexer-se no colo protetor do tio.

— Penso em ir para Pérgamo — disse Lucrécio —, Pafos, Gália! Qualquer lugar!

— Uma mulher, uma criança pequena e um cego formando um grupo liderado por você, creio — debochou Tito, que achou ridícula aquela ideia. — Você está louco, meu amigo!

— A qualquer momento — disparou Lucrécio, amparado por Rute —, entrarão nesta casa. Pegarão a mim, Antônia e você. E também levarão Valério para a fogueira.

Aquele pensamento fez o sangue de Tito gelar como nunca. Suas mãos nodosas pousaram sobre a cabeça do sobrinho adormecido. Não suportaria perder o fruto de seu irmão.

— O que temos de fazer? — indagou Tito.

CAPÍTULO 32

Os dias passaram arrastados. Notícias de martírios por todo o império se alastraram como fogo nos campos secos. Por ordem de Polidoro, Tito e Lucrécio não saíam da ferraria. Somente Otávio fazia as atividades externas, e Justina e Antônia oravam fervorosamente para que as nuvens de trevas se dissipassem.

Em um entardecer de abril, Polidoro e Otávio, após entregarem diversos objetos de cerâmica, chamaram a família para uma reunião. Estavam, ambos, lívidos.

— Diocleciano matou o nobre Jorge, um dos seus homens de confiança – balbuciou Polidoro —, após uma longa tortura nos pátios do palácio.

Todos conheciam o nobre soldado Jorge, que nascera nas terras da Palestina e foi alçado a altos postos no exército. Dizia-se que ele era amigo do próprio Diocleciano.

— Esse homem ajudou muita gente — disse Antônia.

— Eu acreditava que ele tinha escapado da perseguição pela amizade com o imperador — murmurou Justina. — Ninguém está a salvo.

— Não vou permitir que minha família se acabe — disse Polidoro. — Vou vender tudo! Lucrécio quer ir para a Gália, não é? Que seja! Apolo nos protegerá, pois seu Jesus não foi capaz de defender ninguém!

Ninguém protestou contra as palavras do chefe da família. Todos sabiam que Polidoro não ouviria. Otávio, pagão convicto, levantou-se em desacordo, tomado por súbita fúria.

— Nosso patrimônio, pai! — Toda uma vida de luta não pode ser esquecida! Viveremos de quê? Acha que na Gália não há esse édito imperial?

Polidoro ficou balançado pelas palavras do primogênito. Rute procurou envolver os presentes com uma vibração pacificadora. Varana se juntou à pupila. Com a presença da mentora, os ânimos foram acalmados.

— Se quiser ficar, meu filho — disse Polidoro —, tudo bem. Sua mãe é cristã, e não posso deixar que ela seja presa.

— Ninguém vai fazer mal a uma velha — disse Justina, tomando as mãos do esposo — mas temo por Lucrécio e Antônia. E também por Tito e Valério.

Polidoro, sob as vibrações de Varana, sentou-se em sua cadeira. Seu cérebro fervilhava. Acreditava que, depois da tragédia de sua filha, a perseguição esfriaria. Mas após a morte do nobre Jorge, o pânico que tanto lutara para conter, finalmente, explodia.

— Um grupo de comerciantes partirá para Atenas — disse Polidoro, com calma — e podem levar, a um alto preço, Lucrécio e Antônia. Com algum dinheiro e muita discrição, podem levar uma vida tranquila até isso tudo passar.

— Se Tito e Valério ficarem, vão morrer — disse Lucrécio, enquanto Tito mantinha férreo silêncio, pois se sentia um mero agregado. — Não podemos deixá-los!

— Não há como pagar a viagem deles — retrucou o ancião. — Ninguém vai matar uma criança e um cego!

Tito, tomando por uma súbita vontade de sair, ergueu-se. Não seria mais peso para ninguém. Em seus olhos baços havia lágrimas, e Valério tomou sua mão esquerda, enquanto o cajado estava firme à sua direita. Pela primeira vez, desde que fora abrigado por Polidoro, saiu à rua. Em silêncio, Valério acompanhava o tio pelas ruas sinuosas e esburacadas de Nicomédia. Ninguém protestou ante a saída repentina do filho de Marcelo. Tudo isso fazia parte do plano espiritual.

Rute acompanhou seu amado de séculos pelas ruas perigosas da cidade imperial. Nenhum dos seres encarnados e desencarnados pareceu dar importância a um cego e a uma criança de seis anos.

— Tio, para onde vamos? — indagou Valério.

— Não sei — resmungou Tito. — Não sei! Estamos longe da casa de Polidoro?

— Sim — respondeu o pequeno. — Está muito escuro. Não sei onde estamos.

— Bem-vindo ao meu mundo, Valério! — riu o outro.

Após algum tempo, em meio à noite sinistra, passos apressados foram ouvidos. Valério apertou a mão de seu tio que, por sua vez, estacou. Percebeu que aquela caminhada poderia ter sido um erro. Colocara Valério em perigo. Os passos ficaram ainda mais fortes, e a audição de Tito indicou que o ruído vinha em sua direção.

Como que saído das sombras, um homem, agarrado a um grande embrulho, surgiu. Ele respirava pesadamente. Antes, porém, que se chocasse com Tito e Valério, o homem caiu em um ruído abafado e não se mexeu.

— O velho está ferido, tio! — disse Valério, nervoso.

Cuidadosamente, Tito deixou o sobrinho onde estava e caminhou até o homem caído. Ouvia a difícil respiração do estranho. Tentando virar o ancião, Tito afastou o fardo que o homem carregava.

— Eu orei por auxílio — disse o velho, com um grosso filete de sangue saindo de sua boca desdentada — e Jesus não me desamparou. Irmão, proteja estas cartas sagradas! Não consegui escapar da cidade! Eu consegui tirar os escritos da boa-nova da casa do nobre Jorge, mas fui ferido de morte — o corpo do ancião começou a se agitar anunciando o desencarne. — Eu lhe confio nosso tesouro! Guarde-o!

Com aquelas palavras, o ancião suspirou e seu espírito deixou o corpo. Cumprira sua missão. Tito, em silêncio, ouvira tudo. Valério se aproximou e tomou em suas mãos pequenas o volume, muito mais pesado do que parecia. Rute e outros espíritos amigos protegiam tio e sobrinho de uma gama de espíritos trevosos, que desejava obter o conteúdo que agora estava sob a guarda de Tito.

— Vamos voltar, tio — sentenciou o garoto.

— Eu não sei o caminho — volveu Tito.

— Deus nos guiará — disse o menino, com uma firmeza na voz que lembrava Paulo. — Ele nos trouxe aqui para encontrar esse velhinho. Agora, o Pai vai nos levar para casa.

CAPÍTULO 33

— Onde você encontrou isso? — indagou Lucrécio, com os antigos pergaminhos nas mãos. — Isso é um tesouro!

— Tesouro é este saco de moedas de ouro — disparou Tito. — Garantirá nossa viagem.

— Mais mortes para que a luz se faça! — disse Lucrécio, enquanto o patriarca ressonava profundamente no leito. — Podemos ter nas mãos uma das cartas dos Apóstolos!

— Você não sabe ler? — indagou Valério, que tomava um copo de água.

— Isso me parece grego — respondeu Lucrécio. — Conheço pouco essas letras.

— Isso estava na casa de Jorge — prosseguiu Tito. — Deve ser importante. Custou a vida do ancião.

— Você pode ter sido seguido — atalhou Lucrécio. — Sua roupa está suja de sangue e pode ter feito um rastro. Eu vou guardar essas cartas. Sobreviveram há séculos. Não serão destruídas agora! Deus está conosco!

— Estas cartas ficarão comigo — disse Tito, num ímpeto que o surpreendeu. — O velho confiou-as a mim. Além disso, que vai suspeitar que um cego possua qualquer documento escrito?

— Certo — disse Lucrécio, após algum tempo. — Antigamente, os judeus tinham alguns guardiões do templo e dos livros de seu povo. Acho que essa gente era chamada de levita.

Alguma coisa reverberou no âmago de Tito. Suas mãos deixaram a bolsa rica e tocaram na borda envelhecida de um dos pergaminhos desgastados.

— Eu vou proteger estes documentos — disse Tito, solenemente — com a minha vida, se for o caso. Deus me colocou no caminho até o velho. Não farei pouco caso disso.

CAPÍTULO 34

Lucrécio e Tito, ao alvorecer, comentaram com Polidoro e o restante da família parte do ocorrido. Deixaram de fora a questão das cartas, apresentando apenas a bolsa de dinheiro, com moedas de ouro, que garantiam a viagem de todos se quisessem.

— Deus nos ajudou — disse Justina, com os olhos marejando. — Vamos vencer essa provação.

— Custou a vida de um homem — disse Otávio — que deve ser procurado pelos soldados. A coisa pode não acabar bem para nós.

— Deus nos ajudou — insistiu Lucrécio diante do atônito Polidoro. — Não vai permitir nossa captura. É hora de partir!

Polidoro, de fato, ficou profundamente impactado. Algo dentro dele se agitava. O velho ferreiro sentiu que novos ventos chegavam. Ventos que nunca havia sentido.

— Não irei — disse Polidoro, por fim. — Quem quiser, que vá. Não pode parecer que estamos fugindo.

— Não tenho intenção de deixar minha casa — atalhou Otávio, para desgosto de sua esposa. — Eu e minha família ficaremos.

Teodora fitou o esposo. Iria acompanhá-lo naquela decisão, embora seu coração desejasse partir. O áspero primogênito do ferreiro lançou um olhar doce para a esposa, que retribuiu. Havia, apesar das diferenças religiosas, muito amor entre eles.

— A morte desse ancião deve ser notícia na cidade — disse Polidoro — sem falar do eventual roubo da casa de um comandante do exército. Eu verei como as notícias estão voando.

Polidoro e Lucrécio, que se recusara a deixar o pai sozinho na efervescente Nicomédia, caminharam ligeiros pelas ruas da grande cidade. Regressaram duas horas depois, acalorados e confusos.

— Nada! — exclamou Lucrécio. — Nenhuma palavra sobre o homem morto. A casa do nobre Jorge foi tomada pelas forças do império por ocasião da prisão dele. Ninguém poderia entrar e sair de lá!

— E, no entanto, temos a roupa de Tito com marcas de sangue — disse Justina — e uma bolsa de ouro!

— Que seja então — disparou Polidoro. — Esse Deus dos cristãos mostrou sua força enfim! Não podemos ignorá-la! É hora de vocês partirem! Sinto em meus velhos ossos, mais do que nunca, que você, Lucrécio, precisa partir levando Tito, Valério e Antônia.

Lucrécio beijou as mãos duras de seu pai. O jovem o amava imensamente. Novamente ganhando as ruas, Lucrécio foi até dois de seus amigos, dois cristãos, Cícero e Cleomenes. Os dois tinham abraçado o cristianismo pouco antes do édito imperial, e eram vacilantes na fé, embora muito apreciassem a amizade do filho de Polidoro.

Os contatos que tinham os irmãos foram o bastante para comprarem passagens na caravana de comerciantes que partiria para Atenas, ainda naquela semana. Cícero, mais velho que seu irmão e recém-viúvo, se propôs a ir com Lucrécio naquela empreitada rumo ao desconhecido. Ele tinha algumas posses e estava disposto a investir tudo na viagem para o Oeste.

Três dias depois, com muita discrição, Lucrécio e seu grupo se despediram do velho Polidoro. O ancião, áspero e beligerante, abraçou o filho caçula e o abençoou. Era ele ainda muito devoto de Apolo, mas estava convicto de que o Deus dos cristãos tinha algum poder. Justina e Teodora fizeram preces, abençoando a todos, e a dor da separação era muito grande entre eles. Otávio, abraçando fortemente o irmão, pediu a Apolo que iluminasse os caminhos daqueles que iam para o Oeste. Lucrécio e Tito haviam concordado em deixar com Otávio algumas moedas de ouro, para alguma situação imprevista.

Partiram, enfim, liderados pelo grego Ajax de Atenas, que se autointitulava sábio e cuja barriga tinha dimensões incríveis. Sua voz de trovão ecoou ao longe, ordenando a partida. Enquanto partiam, um jovem mensageiro anunciou a Ajax que Pantaleão, médico do próprio imperador Galério, fora preso.

— Apressemos o passo, minha gente! — gritou o grego. — Vamos sair dessa cidade que devora com demasiada fome quem pensa diferente! Não sou cristão, mas gostaria de saber que mal esse povo fez para receber castigos tão cruéis! Avante!

CAPÍTULO 35

O grande grupo de Ajax de Atenas avançou vigorosamente. Os guardas eram zelosos, e não tardou para que Lucrécio descobrisse que alguns deles eram cristãos. O ruidoso grego não se preocupava nem um pouco com a religião de seus subordinados. De alguma maneira, Ajax lembrava alguém a Tito, e aquela estranha sensação o acompanhou até a antiga cidade de Atenas, lar de tantos feitos heroicos e de monumental sabedoria.

    Na poderosa cidade, os cristãos fugitivos da Nicomédia oraram fervorosamente. Eles sabiam que o nobre Paulo de Tarso muito trabalhara ali. Lucrécio enviou correspondências ao seu pai e, após dois dias, partiram para a península italiana. Ajax, que ficara amigo de Lucrécio e do pequeno Valério, organizara a nova etapa da viagem. O grego há muito percebera que os silenciosos viajantes, oriundos da Nicomédia, lar de imperadores, eram fugitivos cristãos.

    Durante a jornada, o grupo se passava por uma família pagã, e não raro Tito foi desprezado por quem o via, sendo considerado amaldiçoado pelos deuses por ser privado da visão. Acostumado, o rapaz prosseguia com a fé brotando vivamente em seu coração.

Da Itália, coração imperial, após meses de viagem, o grupo partiu para o sul da Gália. Nessa época, Antônia descobriu que estava grávida, para alegria e medo de Lucrécio, e regozijo de Valério. Com o ventre pesado, a jornada ficou ainda mais difícil para a destemida Antônia, que agradecia a Deus o espírito que chegava para ficar sob sua guarda.

Enfim, graças aos contatos de Ajax, uma bênção de Deus conforme dizia Antônia, eles chegaram, após quase um ano, à cidade de Lyon. Antiga e repleta de histórias cristãs, a cidade parecia escura, úmida e estranha aos olhos dos cristãos da Nicomédia. O grupo havia atravessado metade do mundo conhecido e agora precisava fincar raízes. Cícero, que desde a Grécia dependia do dinheiro de Lucrécio e Tito, conseguiu emprego de guardador de porcos. As cestas feitas por Tito, assim como acontecera nas diversas paradas que eram obrigados a fazer, logo começaram a chamar a atenção pela beleza e qualidade. Por fim, Lucrécio voltou a seu ofício de ferraria, ainda que o barro fosse muito diferente do que havia em Nicomédia.

Porém, até mesmo naquela região, o édito imperial, que buscava aniquilar os cristãos, existia. Relatos de prisões, torturas e mortes assombravam a todos. Quando o grupo se encontrava instalado em Lyon havia dois meses, a bela e risonha Júlia regressou ao mundo. Era um espírito que muito errara no passado, e cabia a Lucrécio e Antônia conduzirem aquela alma a um caminho melhor.

Nestor e Varana, na erraticidade, com a companhia de Rute, Paulo, Ana, Lúcia e Marcelo, instavam a seus pupilos a viverem mansamente naquelas estranhas e turbulentas terras. Em algum tempo, Tito e Valério iriam receber uma orientação para dar continuidade à missão que compartilhavam.

CAPÍTULO 36

Os anos correram. As guerras varreram todo o império, empalidecendo a cruel perseguição aos cristãos implantada pelos imperadores Dioclesiano e Galério que, derrotados por aqueles que tinham alçado ao poder, encerraram seus dias com muita amargura.

Tito e sua nova família haviam sobrevivido às perseguições e aos jogos dos césares, imperadores e à sedição das trevas. Lentamente, Lucrécio foi assumindo a liderança cristã em Lyon, sem jamais revelar que seu grande amigo era guardião de um tesouro inestimável. Naquela região, a perseguição fora mais branda, mas os relatos do Oriente eram aterradores. Por fim, um dos grandes comandantes do império, o augusto de nome Constantino, cessou as hostilidades contra os cristãos, devolvendo suas propriedades e evitando martírios, angariando muita simpatia. Mais tarde, esse mesmo homem fez guerra contra seus pares e usando a cruz tomou para si todo o império e adotou a crença dos cristãos.

Valério, que crescera formosamente, era muito querido por todos, e suas habilidades, tanto na ferraria quanto no comércio que Cícero montara, eram espantosas. Além disso, seus conhecimentos evangélicos impressionavam e, muitas vezes, Lucrécio cedia seu tempo de discurso para o rapaz.

— Meu tio — disse Valério ao fim de uma tarde —, trago notícias! Dizem que Constantino ganhou a guerra! É o único imperador!

— Que bom para ele — retrucou Tito, que desenvolvera uma reluzente calva e em sua barba havia alguns riscos prateados. — Mais um com o poder terreno supremo...

— Meu tio, seu azedume vai cessar em breve — sorriu Valério que, embora Tito não pudesse ver, sabia que o sobrinho tinha os traços do finado pai, além de uma voz forte. — Constantino venceu Magêncio, nos arredores de Roma, usando a cruz do Cristo em seu próprio escudo!

Tito ficou de pé. Jamais imaginaria aquilo e sabia o significado do feito do imperador. O Sol invicto de Constantino, seu deus que o levara a tantas vitórias, fora substituído pelo Deus dos cristãos.

— Pode ser boato, filho — murmurou o artesão. — O mundo é pagão.

— Não mais, meu tio — insistiu o jovem com o vigor e a certeza daqueles que ainda não tinham padecido com as dores do mundo —, nós estamos protegidos. Deus enviou um soldado para nos proteger.

— Valério — disse Tito, rígido —, parece que esqueceu Seus ensinamentos. O Mestre disse que quem porta a espada, perece pela espada. Constantino me agrada pelo que ele fez ao longo dos anos, mas não se esqueça de que Deus é amor e não ferro e sangue.

Valério percebera que havia se empolgado e, no processo, repetira as palavras de outros. Humildemente, o jovem beijou a mão de seu tio, agradecido pela lição.

— O poder é algo muito sério, meu filho — disse Tito serenamente. — Que Deus ilumine os passos do novo imperador, que ele se acalme em seu trono de ouro. Que haja paz para todos.

Ainda naquele dia, sob um frondoso carvalho, árvore venerável, Lucrécio reuniu a família. Cícero também estava lá com a esposa Maria e a pequena filha de três anos, Otília. Ali também se encontravam o ancião Heitor e seus dois fortes netos, Nicolau e Fúlvio.

Tito e Valério foram os últimos a chegarem à reunião, a primeira que fariam sem a proteção das paredes da casa de Lucrécio e Antônia que, além de Júlia, tinham o pequeno Anésio.

— Há muita esperança para nós, agora — disse Lucrécio, após bela oração. — Notícias de que o imperador Constantino lutou em nome de nosso Deus circulam por toda a parte. Os tempos sombrios ficaram verdadeiramente para trás.

— Aquele que perseverar em Minha fé, será salvo! Assim disse Jesus! — bradou Heitor, com os olhos cheios d'água, recordando-se da esposa e dos pais de seus netos, mortos pela perseguição de Dioclesiano.

— Sim — concordou Lucrécio — mas ainda temos que aguardar. Prudência nunca fez mal a ninguém. Não sejamos afoitos como nossos irmãos, que já erguem igrejas por aí. Por algum tempo, tenhamos este carvalho por igreja!

— Neste local, meus avós sacrificavam aos deuses pagãos, caro Lucrécio — retorquiu o velho Heitor. — Não seria apropriado.

— Onde um ou mais estiverem reunidos em Meu nome — respondeu o outro —, ali eu estarei. Assim falou o Mestre!

Tito sentiu o olhar de Valério. Tio e sobrinho concordavam que os cristãos da Gália tinham muitos ensinamentos divergentes dos deles. O jovem acreditava que seria necessário um grande unificador para apaziguar as disputas filosóficas entre os cristãos.

— Onde o irmão em Deus propõe? — indagou Lucrécio, com paciência.

— Se não querem construir uma igreja — prosseguiu Heitor —, podemos usar a gruta perto de minha casa. Lá guardo os animais e tem um bom espaço. Tanto a sua casa quanto a minha estão pequenas, e acho que nossa fé vai florescer!

Lucrécio assentiu, e os cristãos confraternizaram com sincera alegria. Heitor anunciou que Nicolau se casaria na próxima primavera. Ouvindo as conversas, Tito mantinha-se em seu canto. Apreciava muito mais orar e conversar sobre o Evangelho sob o carvalho ruidoso, mas evitou criar polêmicas.

CAPÍTULO 37

No dia seguinte, pouco antes do amanhecer, Lucrécio foi até o aposento de Tito e Valério. Tivera sonhos perturbadores. Da última vez que sonhara com morte, foi quando sentira que o velho Polidoro desencarnara, quatro anos antes.

— Já está acordado Tito? — chamou o ferreiro.

— Quando você saiu de sua casa, fazendo seu habitual barulho infernal — rosnou o artesão. — Acorde Valério, e meu bordão rachará sua cabeça.

— Tio Lucrécio não me acordou — disse Valério, sentado em sua cama. — Acho que sei o assunto que faz o senhor vir antes de tia Antônia despertar.

Tito abriu passagem para o amigo entrar no modesto cubículo, que contava com apenas uma janela. Lucrécio sentou-se ao lado de Valério, e seus olhos estavam pousados no chão.

— Tive um sonho — disse Lucrécio. — Sonhei com Paulo, meu amigo. — Ele me disse para continuar firme na fé. Disse ainda que...

— Guardássemos nosso tesouro a todo custo! — disseram em uníssono Tito e Valério.

Os três haviam recebido a mesma mensagem. Paulo, em espírito, havia falado com eles. Enquanto Lucrécio e Valério tinham visto Paulo, forte e belo, envolto por uma bendita luz branca, Tito ouvira a voz do amado irmão, possante e sonora, fazendo reverberar todo o seu ser.

— Nosso Paulo é enviado por Jesus — disse Lucrécio, com os olhos marejados. — Reforçou a missão que vocês receberam naquela madrugada, em Nicomédia.

— Nós três estamos juntos nisso, Lucrécio — retrucou Tito. — Foi você quem nos guiou para longe do banho de sangue, que caiu sobre a Nicomédia.

Agilmente, Tito retirou o baú, onde guardara as antigas cartas escritas em grego, debaixo de sua cama. Logo, o antiquíssimo papiro estava nas mãos de Lucrécio e Valério.

— Precisamos copiar isso — disse Valério. — Esse papel é abençoado por ter resistido aos longos anos. Mas pode acontecer alguma tragédia.

— Nada vai acontecer com estes papiros — disparou Tito. — Não na minha guarda!

Aquelas palavras, proferidas com absoluto orgulho, fizeram reverberar cada fibra do artesão. De alguma forma, ele sabia que proferira aquilo antes. E uma súbita vergonha assomou sobre ele.

— Podemos comprar tinta e um bom couro para copiar os escritos — disse Lucrécio, inspirado por Paulo e Rute — e também acho que podemos pagar um professor para Valério aprender as letras gregas.

— Devemos mostrar essas escrituras? — volveu Valério, pois seu espírito aberto o indicava a dividir aquele tesouro com os outros cristãos das redondezas.

— Não — respondeu Tito. — Heitor e muitos outros pensam diferentes de nós em alguns pontos. E não sei se eles têm a mesma firmeza que nós. Se Constantino cair e um louco assumir o império, podemos ter uma nova perseguição. Quanto menos gente souber, melhor.

— Mas o Evangelho é para todos — insistiu Valério.

— Seu pai é enviado de Jesus — proferiu Tito — e ele pediu para protegermos estas cartas até quando for necessário. Vamos preparar você, menino impertinente, para entender essas palavras e copiar o texto. Depois, aguardaremos novas ordens.

— Tio — riu Valério —, o senhor em outras vidas deve ter sido um grande general! Sempre impávido!

— Sinto algo assim em meus ossos — disse Tito, após alguns minutos de silêncio —, por isso, me foi privada a visão. O Mestre não disse a Nicodemos que seria necessário nascer de novo para reparar suas enormes faltas? O mesmo foi com João Batista, que fora Elias...

— Não se amofine, Tito — falou Lucrécio, observando o céu azul do dia que chegara. — Você triunfará! João Batista venceu! Muitos dos que vieram antes de nós venceram! E, se falharmos nesta vida, teremos outras! Assim disse o Mestre dos Mestres!

CAPÍTULO 38

Lucrécio e Tito contrataram um professor para Valério. Era um grego chamado Celso, cuja cicatriz na face esquerda lhe dava um terrível aspecto. Mas o senso de humor do preceptor praticamente fazia desaparecer aquela temível marca, obtida nas guerras da juventude. Animado, Valério se desenvolveu rapidamente em grego e latim, e o velho mestre muito apreciava a companhia do jovem, contando-lhe as histórias de Hércules, Jasão e os formidáveis Aquiles e Heitor.

Por dois anos, Valério aprendeu com Celso. Até que, em uma manhã de outono, o mestre procurou Tito e anunciou que o pupilo estava plenamente apto, coisa que ele próprio jamais vira. O grego não sabia que, em vidas passadas, Valério vivera na heroica Hélade, adquirindo muitas experiências que ficaram adormecidas, aguardando apenas ser incentivadas.

— Esse rapaz tem um futuro brilhante — disse Celso — e eu me orgulho muito dele! Venho pedir sua permissão, mestre Tito, para continuar em contato com seu filho adotivo. Tenho outros alunos, dentre os quais agora assumirei a educação de Júlia, sua sobrinha, e devo permanecer nessa cidade adorável por mais algum tempo.

— Agradeço suas palavras, preceptor Celso — retrucou Tito, espantando por ter sido chamado de mestre. — Realmente, Valério é um espanto! Uma luz que me ilumina a alma. É claro que pode permanecer em contato com nosso menino.

Com o suporte da espiritualidade amiga e pela vontade de Valério, o jovem, depois de algum tempo, tornou-se assistente do velho Celso. Mestre e aprendiz levaram a luz do conhecimento para as pessoas de Lyon. Nas horas vagas, Valério copiava as cartas de Paulo de Tarso aos Coríntios, que descobrira ser o tesouro que seu tio protegia, somado ainda com o Sermão do Monte, proferido pelo próprio Jesus. Ajoelhados e em lágrimas, Lucrécio e sua família, além de Tito, ouviram a revelação de Valério, que elevou a voz fazendo ecoar as eternas palavras do Mestre dos Mestres, registradas pelos discípulos de Mateus e do Apóstolo dos gentios. Nessa hora, Rute, Paulo, Marcelo e Lúcia, sob a orientação de Nestor, estavam no modesto lar de Lucrécio, e as bênçãos do Alto dissiparam todas as dores, não só dos que ali estavam, mas de todos os cantos da sofrida Lyon e arredores.

***

Bem-aventurados os pobres de espírito, porque deles é o reino dos céus;

Bem-aventurados os que choram, porque eles serão consolados;

Bem-aventurados os mansos, porque eles herdarão a terra;

Bem-aventurados os que têm fome e sede de justiça, porque eles serão fartos;

Bem-aventurados os misericordiosos, porque eles alcançarão misericórdia;

Bem-aventurados os puros de coração, porque eles verão a Deus;

Bem-aventurados os pacificadores, porque eles serão chamados de filhos de Deus;

Bem-aventurados os que sofrem perseguição por causa da justiça, porque deles é o reino dos céus;

Bem-aventurados sois vós, quando vos injuriarem e perseguirem, e, mentindo, disserem todo o mal contra vós por minha causa.

Exultai e alegrai-vos, porque é grande o vosso galardão nos céus; porque assim perseguiram os profetas que vieram antes de vós.

Vós sois o sal da terra; e se o sal for insípido, com o que há de se salgar? Para nada mais presta, senão para se lançado fora, e ser pisado pelos homens.

Vós sois a luz do mundo; não se pode esconder uma cidade edificada sobre um monte.

Nem se acende a candeia e se coloca debaixo do alqueire, mas no velador, e dá luz a todos que estão na casa.

Assim resplandeça a vossa luz diante dos homens, para que vejam as vossas boas obras e glorifiquem a vosso Pai, que está nos céus.[2]

---

[2] Mateus 5:1-16

CAPÍTULO 39

A modesta igreja foi erguida na propriedade de Heitor, sendo construída a partir da gruta onde os poucos cristãos se reuniam. O ancião, ao ver a obra pronta, faleceu durante o sono. Fúlvio, seu filho, encontrara o pai com um largo sorriso no venerável rosto.

Coube a Lucrécio tomar o posto de liderança da igreja, e seu primeiro ato como líder foi casar Valério, então com dezoito anos, com Márcia, segunda filha de Severo e Lucíola, romanos de classe média e que tinham se encantado com a inteligência e boa índole do rapaz. Não tardou para que Severo e Lucíola adotassem a fé cristã, cada vez mais fortalecida no império de Constantino.

Tito, tratado perante a sociedade lionesa como pai do garboso Valério, exultava. Mas a certeza de que o filho adotivo não iria mais conviver com ele, como foi com seu irmão, lhe mordiscava a alma. O ciúme era o cruel adversário do artesão, que tentava pensar que os filhos de Valério, a exemplo dele, seriam amigos do velho tio.

Nos anos que se seguiram, a igreja de Lyon cresceu vertiginosamente, porém, as paredes eram sempre as mesmas. Aflitos de todas as cores surgiam e eram consolados. Celso, o mestre grego, havia desencarnado e legara a Valério todo o seu vasto material cultural. O filho da grande Hélade, em sua implacável enfermidade, ouvia as palavras de Valério e recebera passes balsamizantes. Na hora funesta do desenlace carnal, o alegre grego reuniu toda a força que lhe restava.

— Antes eu temia o desconhecido que a morte encerra em seus sombrios véus — disse ele, com Valério e Tito a seu lado. — Agora, não mais! Sei o que me espera! Adeus mundo transitório! Rumo à verdadeira pátria!

CAPÍTULO 40

Um cavaleiro, ao fim da tarde chuvosa de primavera, chegou à porta da modesta igreja onde Lucrécio atendia a uma viúva. O altivo homem fez o sinal da cruz e esperou que o velho pastor encerrasse sua atividade. Lucrécio que, naquela altura, possuía uma barba grisalha e longa, sorriu para o recém-chegado.

— O senhor é o pai Lucrécio de Lyon? — indagou o cavaleiro, cheio de reverência.

— Sou o irmão Lucrécio — respondeu, com o sotaque oriental carregado, que sempre fazia os gauleses sorrirem. — Em que posso ajudá-lo?

— O bispo Nicásio de Dijon deseja convocá-lo para uma jornada — o mensageiro entregou a carta enrolada e protegida por uma capa de couro fervido. — O imperador convocou um grande concílio, e nosso líder acredita que o senhor possa contribuir com nossa fé!

Lucrécio notou que o cavaleiro, chamado Pedro, adiantara respeitosamente o conteúdo da mensagem, na hipótese de ele não ser letrado. Porém, Valério instruíra seu tio tanto no latim quanto no grego. Lendo a mensagem em latim, com letra refinada, o ferreiro sentiu o peso da responsabilidade que o famoso Nicásio lhe punha nos ombros. Com um fio de suor percorrendo o rosto marcado, Lucrécio observou que o grande conselho organizado pelo próprio Constantino seria nas terras da Bitínia, na velha cidade de Niceia.

— Meu amigo, a viagem de Dijon até aqui não deve ter sido fácil — disse Lucrécio, depois de algum tempo. — Deve comer e descansar. Aqui somos um povo frugal, mas caloroso. Será hospedado em minha casa.

— Pai Lucrécio — retrucou o outro —, fico feliz com um pedaço de pão e um canto seco nesta igreja do Senhor.

A passos rápidos, Lucrécio regressou à sua casa. Antônia, sempre sorridente, recebeu o esposo afetuosamente, como de costume. Seus filhos estavam na parte de trás da casa, onde o aposento do rabugento Tito se encontrava. O artesão estava decidido a ensinar sua arte aos sobrinhos, lentos, em sua opinião. Valério, intuído por seu pai desencarnado, fora também para o núcleo familiar e observava silenciosamente a cena.

— Tito, Valério — disse Lucrécio —, precisamos conversar imediatamente.

Enquanto se refrescava, o ferreiro contou aos companheiros de ideal sobre a mensagem que recebera do poderoso bispo de Dijon. Atentos, os integrantes da família ouviram. Resmungando, Tito procurou a companhia de seu filho adotivo.

— Nosso pensamento é diferente de muitos grupos de cristãos — disse Valério, por fim. — Eu entendo, creio, o pensamento do imperador. Se ele padroniza nossa fé, facilita-se a supremacia política.

— Sempre política — disse Tito coçando a barba grisalha desgrenhada. — Eu detesto isso. Não me espantaria se estourasse outra guerra agora entre cristãos!

— Nicásio chamou o senhor, tio — emendou Valério —, por conta do seu vasto trabalho em nome do Senhor.

— O convite também é para você, Valério — interrompeu Lucrécio. — Meu coração está agitado! Penso como Tito. — O líder cristão levantou-se de seu banquinho. — Voltar para nossa terra depois de tantos anos? E para quê? Lutas políticas?

Houve silêncio. Júlia tomou as mãos de seu pai. Era uma jovem adorável e, por duas vezes, rapazes se apresentaram para pedir a mão dela em matrimônio. Cristã devota, a filha do ferreiro declinara, certa de que seu marido seria também detentor de sua fé.

— Talvez seja a hora de levarmos as cartas que temos em mãos — disse Tito, depois de longo tempo e estimulado pela doce Rute. — Por séculos, esses documentos estiveram em poucas mãos. Nem acredito que sou eu falando, mas e se esses documentos fossem expostos e colocados sob a proteção do imperador? Nossos irmãos também teriam acesso a esses pergaminhos.

— Nem parece o senhor falando, tio — observou Valério. — O que me faz pensar em intervenção divina. Faz sentido. Durante essa grande assembleia, protegida pelo próprio Constantino, outras cartas podem ser apresentadas. E os tesouros do Mestre serão reunidos.

— Nicásio garante nossa viagem — disse Lucrécio. — Ele nos chama de presbíteros. Mas não sinto que deva viajar. Não deixando Antônia e as crianças. E você, Valério, tem dois filhos pequenos. Um ainda mamando!

— Um velho cego não pode ir sozinho! — Exclamou Tito, que contava com 48 anos, o mais velho daquele núcleo familiar.

— Eu irei com você, meu pai do coração — disse Valério, por fim, pois sentia que devia ir para o Leste com Tito. — O senhor é o guardião dessas cartas. Mas, ainda que uma última vez, serei seus olhos na estrada.

Aquelas palavras soaram vibrantes e proféticas. Lucrécio e o próprio Tito perceberam que, mais uma vez, as vibrações do Alto tomavam o jovem preceptor. Uma aura tênue parecia cobrir Valério, que fitou as estrelas radiosas.

— Sim — murmurou o artesão. — Seja os olhos deste velho guardião.

CAPÍTULO 41

Pedro, o mensageiro do bispo Nicásio, voou pelas estradas com sua montaria, levando a resposta de Lucrécio. O encontro com o grupo do líder da igreja em Dijon ficaria marcado para dali a quinze dias. Durante esse tempo, os preparativos deveriam ser feitos, e havia um misto de apreensão e júbilo por parte dos modestos cristãos lioneses.

Cícero, com a cintura bem mais larga e uma calva reluzente, chegou a cogitar a ideia de viajar para a terra natal, mas seus vários filhos detiveram suas intenções. Márcia, esposa de Valério, como era de se esperar não apreciou nem um pouco a ideia de o esposo enfrentar uma viagem perigosa, atravessando o império duas vezes. Por fim, inspirada por Paulo e outros amigos espirituais, a jovem Márcia resignou-se.

Muitas pessoas, incluindo as pagãs, doaram algum dinheiro para Valério e Tito viajarem com o máximo de conforto possível e não dependerem tanto das moedas do bispo Nicásio. Todos comentavam como a modesta igreja de Lucrécio diferia em ensinamentos das outras que, muitas vezes, não privilegiavam os desvalidos e garantia a Jesus um estranho *status*, como se ele fosse um verdadeiro deus. Para o pequeno e simples rebanho de Lucrécio, Jesus era um mestre de sabedoria, cujo amor o aproximava do Pai a ponto de se tocarem. E só. As pessoas de Lyon acreditavam, lideradas por Cícero, que era importante Valério empreender a longa viagem para, pelo menos, tentar levar aos poderosos, que se reuniam à volta do imperador Constantino, a visão que tinham do Cristo.

Na data aprazada, na estrada romana que rasgava todo o império, a grande comitiva de Nicásio encontrou-se com os dois modestos viajantes a pé. O opulento bispo esperava o digno Lucrécio e o vigoroso Valério, cuja fama de excelente orador se espalhava por todas as cidades da região, mas não um envelhecido cego munido de um longo cajado escuro e um grande embrulho às costas.

— Salve, Valério — disse Nicásio após abençoar a dupla —, pena que não possui montaria. Mas suas pernas fortes não irão abandoná-lo. Mas e quanto ao cego?

— O senhor bispo pode falar comigo diretamente — o sorriso de Tito era de escárnio, pois acertara em imaginar que a voz de Nicásio era estridente e pedante. — O velho aqui tem pernas fortes. Penso que sou um abençoado por Deus, que me privou da visão, mas encheu-me de força e bom senso. Há de concordar comigo, meu bom bispo, que sobram olhos sequazes no mundo, mas faltam força de caráter e bom senso. Não é?

Nicásio pareceu não entender as palavras do artesão e ergueu seu rosto barbudo para o caminho que tomavam. Com um forte movimento, o bispo instou a mula que montava a prosseguir viagem, enquanto Valério fitava o tio em tom de censura. O artesão, por sua vez, percebendo o olhar do filho adotivo, segurou o riso e ajeitou o fardo em suas costas como se nada houvesse acontecido.

Os dias passaram rápidos. Durante à noite, Nicásio liderava as orações e pregava. A gente dos campos e das cidades vinha ver o grupo que partia para o oriente distante. Alguns dos pupilos do bispo de Dijon falavam sobre o

Evangelho, e Tito e Valério apenas ouviam. Na quinta noite de viagem, já aguardando o barco que levaria o grupo para o leste até a Grécia, Nicásio determinou que Valério falasse. Modesto, o jovem professor se postou diante da fogueira. Guardas romanos observavam a cena.

— Jesus, anos atrás — disse Valério tomado por uma estranha força provinda do Alto —, certa vez, sentou-se no monte que havia próximo à cidade de Jerusalém...

Com sua voz vibrante, Valério recitou o Sermão do Monte em sua total extensão, levando os presentes a lágrimas e sorrisos. Parecia que miasmas deixavam o corpo dos espectadores a cada verso declamado. Abraçado ao seu nobre fardo, Tito ouvia as palavras do sobrinho com uma sensação de já ter pisado na lendária Jerusalém e aspirado o mesmo ar que Cristo.

— Já ouvi palavras assim — disse Nicásio, profundamente impactado. — Algumas das aventuranças ditas agora me são novas. Mas sinto vibrar um mim uma força que só posso admitir como sendo a Mão de Deus sobre você, Valério! — depois de fitar todos os presentes o sacerdote prosseguiu: — onde aprendeu isso?

Valério engoliu em seco. Temeu revelar que a carga de seu tio era a fonte daquele manancial de bênçãos. Tinha combinado com Tito e Lucrécio de só revelar o fardo em Niceia.

— Aprendi com meu avô Marcelo, chefe da igreja dos campos ao redor da Nicomédia, e também com meu pai — respondeu Valério. — Meu tio turrão se empenhou em manter a chama das lembranças das palavras deles em mim.

Tito sorriu com a singela homenagem, e uma discreta lágrima rolou em seu rosto de aspecto selvático. Naquela noite, a paz reinou no coração dos viajantes, sem ansiedades e temores. Até mesmo os guardas ousaram acreditar nas palavras ditas por Valério em nome de Jesus.

A viagem seguiu pelos mares, com as habituais paradas, e não raro os cristãos pediam para Valério que conduzisse algumas orações e recitasse o Sermão do Monte. Inspirado pelos benfeitores espirituais, Valério declinava do convite, pois Nicásio acabou tomado pelo ciúme. O bispo de Dijon começou a ficar incomodado com a sabedoria do modesto preceptor e poderia complicar a vida de Tito e Valério.

Após incontáveis dias de jornada, passando por inúmeros perigos que variaram de tempestades a embarcações piratas, o grupo chefiado por Nicásio aportou na renomada Grécia. Lá, os cristãos que vinham da Gália se encontraram com os confrades da Grécia e com os emissários que tinham vindo da Trácia. Aliás, pela terceira vez, Valério proferiu o Sermão do Monte e, pela primeira vez, recitou uma parte das cartas de Paulo de Tarso:

Ainda que eu falasse as línguas dos homens e dos anjos, e não tivesse amor, seria como o metal que soa ou como o sino que tine. E ainda que tivesse o dom de profecia, e conhecesse todos os mistérios e toda a ciência, e ainda que tivesse toda a fé, de maneira tal que transportasse os montes, e não tivesse amor, nada seria. E ainda que distribuísse toda a minha fortuna para sustento dos pobres, e ainda que entregasse o meu corpo para ser queimado, e não tivesse amor, nada disso me aproveitaria. O amor é sofredor, é benigno; o amor não é invejoso; o amor não trata com leviandade, não se ensoberbece. Não se porta com indecência, não busca os seus interesses, não se irrita, não suspeita mal; Não folga com a injustiça, mas folga com a verdade; Tudo sofre, tudo crê, tudo espera, tudo suporta. O amor nunca falha; mas havendo profecias, serão aniquiladas; havendo línguas, cessarão; havendo ciência, desaparecerá; Porque, em parte, conhecemos, e em parte, profetizamos; Mas, quando vier o que é perfeito, então o que o é em parte será aniquilado. Quando eu era menino, falava como menino, sentia como menino, discorria como menino, mas, logo que cheguei a ser homem, acabei com as coisas de menino. Porque agora vemos por espelho em enigma, mas então veremos face a face; agora conheço em parte, mas então conhecerei como também sou conhecido. Agora, pois, permanecem a fé, a esperança e o amor, estes três, mas o maior destes é o amor.

CAPÍTULO 42

Impactados profundamente, os cristãos, em lágrimas, contemplaram Valério. Parecia que uma luz banhava o modesto companheiro de viagem enquanto ele proferia o conteúdo evangélico, produzido pelo grande Paulo de Tarso.

Embevecido, Nicásio beijou as mãos de Valério, completamente limpo dos maus pensamentos que abrigara desde que conhecera o professor de Lyon. Os presentes, sob a atenção vigilante de Tito, agradeceram ajoelhados as graças enviadas pelos céus através de Valério.

Novamente ao mar, o grupo de cristãos avançou rumo ao leste. O ar salgado trazia dolorosas lembranças para os dois homens da Nicomédia. Notícias diversas chegavam aos ouvidos de ambos. Uns diziam que o imperador estava ansioso pelo Concílio. Outros diziam que poucos cristãos estavam indo para a cidade de Niceia. Três ou quatro vozes falavam que importantes bispos disputavam com seus pares sobre suas teses a respeito do Cristo. Essas últimas falas preocupavam Tito e Valério que, em sussurros, trocavam impressões.

— Já esperávamos por isso, tio — disse Valério.

— Se Deus deseja esse Concílio — asseverou Tito —, por que temos tanta desarmonia? Nós também discordamos de como Nicásio e Ovídio observam os ensinamentos do Mestre.

— Tudo o que o homem põe a mão, meu tio, é atrapalhado pela sua imperfeição — asseverou o preceptor, seguro de si. — Não viu como o evangelho, preservado por nós, pode unificar corações? Por isso, temos que levar essas cartas para o grande Concílio.

— E como vamos fazer isso? — volveu o artesão.

— Deus nos mostrará a forma correta — afirmou Valério, fitando as estrelas brilhantes do céu.

Enquanto os parentes dialogavam, um viajante nativo da Grécia, chamado Leônidas, se aproximou. Esse homem, o mais silencioso do grupo grego, sentou-se após pedir permissão para Valério e seu tio. Imediatamente, Tito percebeu algo estranho no homem.

— Ainda estou impactado com seu abençoado discurso, meu amigo — disse Leônidas, com um sorriso banguela —, é um ensinamento de Paulo de Tarso, de fato! Já tinha ouvido a carta aos coríntios antes! Ainda que com algumas palavras diferentes e sem sua vibração, irmão Valério.

— Não sabia que o senhor já havia ouvido a mensagem do grande Paulo! — exclamou Valério, espantado.

— Sou da cidade de Corinto, meu amigo — retrucou o grego. — Temos mantido cópias das cartas do nobre Apóstolo a salvo. Mas a sua é muito mais profunda! — guardando um planejado silêncio para criar suspense, Leônidas disse: — eu posso ver tal documento?

Valério fitou o rosto de Tito que, por sua vez, apertou seu cajado. As cartas antigas e uma das três cópias feitas por Valério estavam no embrulho de couro ao lado do guardião cego. Um ininteligível resmungo de Tito fez Leônidas erguer as sobrancelhas, assustado.

— Não podemos, meu irmão diácono — disse Valério com gentileza. — Nossa missão é chegar até Niceia e aguardar os desígnios do Mestre Jesus. E só.

— Confirme, então, que está de posse de tais documentos — disparou Leônidas, em voz mais alta e atraindo a atenção dos demais. — E outra coisa: Ouve Jesus em pessoa?

— Não confirmo nada — respondeu Valério desconcertado. — Somos cristãos humildes, que atendem ao chamado do imperador.

— Basta desse assunto — disse Nicásio, surgindo na conversa. — Vamos orar e pedir orientação aos céus. Tudo será revelado no tempo certo. Há muito suspeitava de que Valério e seu tio carregavam documentos evangélicos! A atenção que o cego dá ao seu fardo é prova disso. Deus nos reuniu nessa jornada para levarmos essa carga até os olhos dos maiorais da igreja!

As palavras do bispo de Dijon foram suficientes para silenciar a todos. Com um mudo olhar, Valério agradeceu ao líder da comitiva, que indicou querer falar com o professor longe dos afiados ouvidos de Tito.

— Isso é verdade? — indagou o bispo, dentro da cabine do capitão, também cristão, a Valério, enquanto todos ressonavam na embarcação. — Está com uma cópia das cartas de Paulo?

— Trago documentos extremamente antigos, é verdade — respondeu Valério, após alguma hesitação — e uma cópia de cada. Ao longo dos anos, nós fizemos três cópias de cada, por temermos perder o conteúdo.

Valério contou sobre como ele e o tio tinham obtido as importantes cartas e como, anos depois, finalmente, entenderam seu conteúdo. Nicásio ouviu tudo atentamente.

— Deus agiu através de você e de seu tio — disse o bispo de Dijon. — Agora, sinto que é seu dever me entregar essas cartas. Afinal, se não fosse por mim, não estariam aqui em meio aos grandes.

— Não posso, irmão Nicásio — proferiu Valério, com convicção. — Meu tio recebeu a tarefa de levar esses documentos até Niceia, e ele fará isso!

— Não me afronte, rapaz! — exclamou Nicásio. — Papa Silvestre, em pessoa, determinou minha presença em Niceia! Quem é você?

— Valério é um cristão que sabe seu lugar — rosnou Tito, irrompendo pela porta com sua carga às costas e seu cajado negro em riste. — Humilde, honesto e com o coração puro. E você, Nicásio, bispo de Dijon, é igual a ele?

— Como ousa, seu aleijado? — indagou Nicásio. — Um fardo desde o início, um pedinte!

— Ah, cale-se! — interrompeu o artesão. — Sou velho, cego e ainda assim vivo melhor do que você. Não viajamos com suas migalhas. Viajamos ao seu lado. Cadê a mansidão cristã recomendada pelo Mestre?

Nicásio engasgou. Estava furioso. Com seus olhos esbugalhados, fitou o altivo Tito. A essa altura, todos na embarcação, até mesmo os vigias, tinham se dirigido à cabine do capitão. Todos fitavam, espantados, a cena.

— Esses orientais viveram conosco por anos — disse Nicásio, com uma perigosa frieza na voz — e viajam conosco. Bebem do bálsamo cristão conosco. Afirmam possuir um dom. Mas não! — o bispo ergueu sua voz estridente. — Eles são servos do inimigo! As belas palavras proferidas por Valério, na verdade, são para nos enganar. Se acreditassem no Cristo Salvador, seriam obedientes!

— Obedientes a você? — riu Tito. — Que tipo de cristão o senhor é, bispo? O Mestre era pobre e descalço. O Mestre não julgou, nem mesmo Judas. E você, seu hipócrita, deseja uma glória que é apenas do Cristo! É a Jesus a quem devemos dar a obediência do coração!

— E os santos? — volveu uma voz em meio aos homens ali — e ao santo Papa?

— Jesus disse amar a Deus e ao próximo — interveio Valério, percebendo, graças a Paulo e Rute, que as trevas, finalmente, davam seu lance para encerrar com a missão de seu tio. — O Mestre mandou obedecermos a Seus ensinamentos ou a homens de carne e osso?

— Injúria! — gritaram alguns homens, incluindo o capitão. — Blasfêmia!

— Amanhã, aportaremos — anunciou Valério. — Vamos nos separar no porto. Só nos reencontraremos na cidade.

— Vocês só poderão entrar comigo — riu Nicásio. — Serão apenas mendigos à porta dos grandes.

— Deus proverá! — sentenciou o professor. — Assim Jesus prometeu àqueles que perseverassem na fé.

Dessa maneira, com vigorosos influxos magnéticos que os bons espíritos espargiam, os homens se acalmaram. Tito e Valério voltaram para seu canto, alertas e em muda oração. Pediam lucidez para aquela situação.

CAPÍTULO 43

Aportaram, finalmente, em Niceia. Diante da Bitínia ancestral, Valério e Tito se prostraram de joelhos. Lágrimas rolaram abundantes em seus rostos barbudos e marcados. Nicásio e seu grupo observaram a dupla com desprezo.

— Última chance — disse Nicásio. — Poderíamos ter tomado de vocês as cartas, mas somos cristãos piedosos.

— Seriam piratas sem Deus no coração — disparou Valério, empertigado — se assim fizessem.

Bufando, Nicásio tomou seu caminho pelo tumultuado porto da cidade, que ficava ao sul da velha Nicomédia. Ao lado de seu tio, Valério olhou ao redor.

— Não sei o que fazer, tio — disse Valério, baixinho, aos ouvidos do artesão. — Tudo me parece tão exótico!

— Os sons e cheiros são quase iguais aos de Nicomédia — sorriu Tito. — Muitos dos homens que vieram conosco, piedosos que são, irão procurar converter as garotas dos bordéis...

— Tio! — exclamou Valério, arrancando uma gargalhada de Tito. — Não nos prestamos a essas palavras!

— Você precisa entender, meu filho amado — observou o outro —, que o principal fizemos. Agora é resistir ao ataque que virá.

— Como assim? — indagou Valério.

— Nicásio está mais cego do que eu — respondeu Tito. — Ele quer uma glória que só pode ser obtida com o abandono total do velho homem. E essa glória não é deste mundo escuro. Ele fará de tudo para nos tomar as cartas de Mateus e Paulo.

— O que fazer? — volveu Valério, olhando à sua volta e pondo seus fortes dedos na adaga em sua cintura.

— Correr — anunciou o guardião. — Enquanto eles descansam da viagem, para se apresentarem lindos e puros diante do Concílio, temos que nos apressar.

— E para quem entregaremos as cartas? — insistiu o professor.

— Ainda não sei — disse Tito, tomando a direção para fora do cais e sendo amparado pelo sobrinho — mas não será Constantino a pôr as mãos nesses documentos.

Não foi difícil para Valério descobrir onde os principais líderes cristãos estavam reunidos para o Concílio, que começaria dali a poucos dias. O próprio imperador organizara as dependências e arcara com as custas.

— Tito, filho de Marcelo? — uma voz possante e rouca fez o artesão parar seus movimentos. — Pode estar calvo e ter as barbas grisalhas, mas ainda assim é filho de meu irmão! Que semelhança extraordinária!

Tito reconhecera a voz. Espantando, o envelhecido artesão se voltou na direção daquela voz repleta de autoridade. Um ancião de longa barba alvíssima se aproximou, amparado por dois jovens fortes.

— Irmão Ário! — disse Tito, realizando uma grande reverência ante o ancião. — Mestre, que Deus o abençoe!

Valério pareceu desconcertado. A cena que seu tio protagonizava era a última coisa que imaginaria. Com algum atraso, o professor imitou o gesto inédito de seu tio.

— Não esperava vê-lo, filho de meu amigo — disse Ário, o asceta, detentor de muitas ideias que Druso e Marcelo haviam ensinado aos cristãos da Nicomédia —, e este, é seu filho?

— Filho de meu irmão Paulo — disse Tito, com orgulho. — Um cristão melhor do que eu.

— Temos muito a conversar — disse o ancião. — Tive sonhos reveladores e uma voz vinda dos desertos me disse que encontraria um cego que portava a luz no mundo.

Pondo-se de joelho, Tito puxou seu grande fardo e apresentou-o ao nobre Ário. Com os olhos cegos vertendo lágrimas, o artesão pensou ver o que chamaria de luz.

— Eis-me aqui! — disse Tito.

CAPÍTULO 44

Abrigados com Ário e seus seguidores, Tito contou ao cristão, que fora mestre de Druso e Marcelo, o que acontecera com ele e a família desde os dias da perseguição de Diocleciano. O ancião ouviu atentamente cada palavra. Por fim, Ário beijou as mãos nodosas de Tito e o abraçou.

— Em nossas vidas, temos escolhas — disse Ário. — Muitas vezes, escolhemos errado. Outras vezes, raras, fazemos o certo. Deus nos concede vidas sucessivas para corrigirmos os erros. Foi isso que Jesus quis dizer a Tiago, Pedro e João, no Tabor, quando trouxe o espírito de João Batista, que fora Elias. E também quando o Mestre falou a Nicodemos sobre o que era "nascer de novo". Seja lá o que tenha feito nas vidas anteriores, Tito, certamente, nesta vida, corrigiu muitas de suas falhas. Isso não é um elogio. É uma responsabilidade.

— Devo agora entregar as cartas ao senhor? — indagou Tito, depois de ponderar as palavras do sábio.

— Ainda não — respondeu calmamente Ário. — Neste Concílio, haverá pretensões e pérfido orgulho. Temo, sinceramente, pelo desvio da palavra do Mestre.

— Já ouvimos muitas coisas que consideramos como desvirtuamento do pensamento do Cristo — anuiu um homem vigoroso chamado Eusébio de Nicomédia, que havia sido amigo de Paulo, na juventude. — A ideia de Constantino é padronizar o culto, mas isso não será fácil.

Tito e Valério perceberam que o cenário do Concílio era ainda mais difícil do que imaginavam. Tensos, ouviram os relatos dos companheiros do irmão Ário e souberam que o número de bispos que discordavam dos postulados do velho sábio era grande. No entanto, os emissários do papa Silvestre — Ósio, Vito e Vicente — garantiram a palavra a todos os participantes.

— O que fazer com as cartas que trago? — indagou Tito ao sábio. — Temo por esse tesouro.

— Eu também — respondeu o ancião, que já tinha tomado conhecimento do conteúdo e se emocionado com ele — mas temos que confiar em Deus Pai. É uma dura prova, mas vamos suportá-la com fé.

Três dias se passaram, e os trabalhos do Concílio foram inaugurados pelo próprio Constantino. As delegações cristãs incluíam os patriarcas Alexandre de Alexandria e Eustácio de Antioquia. Preferindo ficar no alojamento de Ário, Tito permaneceu de posse das Escrituras. Valério, por sua vez, acompanhou Ário e seu grupo.

Grandes foram os debates entre o grupo de Ário e Alexandre de Alexandria. Divergiam sobre o *status* de Jesus. Uns diziam que ele era o próprio Deus, tese sustentada principalmente por Alexandre de Alexandria. Já Ário era a principal voz que afirmava que o Mestre fora criado por Deus, sendo Seu filho sagrado. Os debates eram acirrados conforme Valério informava a Tito.

— Os tais sábios falaram — disse Valério bebendo um copo de vinho — que Jesus não teve uma concepção natural. Distorcem o significado de virgem. Um absurdo! José, afirmam, era um velho caduco e jamais poderia ter engravidado Maria.

— Disparate! — bradou Tito — o Mestre veio para cumprir a Lei de Deus e não burlá-la! Como mestre Ário está aguentando?

— Ele é um homem velho — respondeu o professor — mas extremamente vigoroso. Mas conseguiu muitos inimigos. Inimigos dentro da igreja! Inacreditável como a vaidade está imperando entre os cristãos!

— E o magnânimo imperador? — volveu o artesão em tom de deboche.

— Impaciente — disse o outro. — Cada vez mais furioso com os velhos turrões. Vai acabar tomando uma atitude.

Tal atitude imperial não tardou. As semanas corriam desde que o Concílio começara e pouco havia progredido. Tinham resolvido a questão da Páscoa cristã, a organização estrutural da igreja, o reforço do poderio papal, mas ainda faltavam muitos pontos para consolidação do Cristianismo sob a égide imperial. Constantino, em pessoa, em seus aposentos, se reuniu com seu conselheiro Ósio de Córdoba, um dos enviados do papa Silvestre. Por horas a fio, imperador e sacerdote conversaram. Na manhã seguinte, Ósio, assim que os trabalhos iniciaram, anunciou uma proposição que encerraria com os conflitos. Os olhos de Valério pousaram na face severa e venerável de Ário. O velho sábio, diante das palavras de Ósio, baixou a fronte. Tanto ele quanto Valério pressentiram que Constantino interviera.

— Proponho — disse Ósio de Córdoba — o seguinte: Jesus de Nazaré era — e é — da mesma substância de Deus. Portanto, o Cristo é incriado, sendo uma derivação do Pai, porém, sendo o Pai e permanecendo no Pai. São, portanto, Jesus e Deus um único ser!

Tamanha foi a postura de Ósio, que ninguém ousou falar, nem mesmo aqueles que defendiam a tese. Alexandre de Alexandria deu um passo à frente, em muda concordância. Ele e todos os presentes sabiam que Ósio era apenas a face e a voz da vontade de Constantino. Sabiam todos que o imperador determinava. E que todo o resto das ideias e dos debates girassem em torno da questão da unicidade de Jesus e Deus.

Ário fitou, finalmente, o rosto marcado de Ósio. O emissário papal estremeceu. Tinham certeza de que uma pesada dívida surgia em cada espírito que sabia daquele vaidoso ardil, que seguiria por séculos. O ancião sussurrou algumas palavras ao modesto bispo de Nicomédia e se retirou amparado pelos dois ajudantes. Enquanto o sábio se retirava, os líderes Eustácio de Antioquia, Marcelo de Ancira e Atanásio aderiam prontamente à proposta trazida por Ósio.

CAPÍTULO 45

— O senhor não pode retirar-se! — disse Valério a Ário, quando este estava se aproximando da alta porta do salão onde se encontravam. — Não agora!

— Nossa fé foi transformada em pedra — disse o velho, com lágrimas nos olhos — mas nada é perene, exceto o espírito! Um dia a pedra será pó, e esse pó vai ser uma terra fértil. Quando isso acontecer, a verdade será revelada. — As palavras de Ário soaram proféticas e fizeram seus três acompanhantes estremecerem, tamanha a vibração delas. — Agora vamos para nossos alojamentos! Preciso ver Tito.

O artesão estava sentado em seu habitual banco, imerso em pensamentos. Em seu colo, o antigo cajado e, ao seu lado direito, sua carga preciosa. Tito ouviu ao longe os passos arrastados do velho mestre de seu pai. Como sempre, o hábil fazedor de cestos pensou que o pior havia acontecido.

— Tito — disse Ário sem qualquer formalidade —, ainda acredita que eu sou aquele a quem deve entregar as Escrituras?

— Sim, meu coração assim diz — respondeu Tito —, assim como o seu.

— Às vezes — prosseguiu o ancião — para proteger algo precioso, deve-se deixá-lo à vista de todos para não ser reconhecido. Entende isso?

— Acho que sim — murmurou o artesão, ligeiramente confuso.

— Filho de Marcelo — disse o sábio —, minhas teses caíram por terra. Sinto que serei banido por não aceitar as palavras finais do Concílio. Acredito, porém, que as palavras escritas em nome do Senhor devam ficar aqui.

Tito pôs-se a alisar insistentemente sua barba. Não entendia as palavras do homem muito mais velho do que ele. Parecia loucura.

— Eu preciso que você confie em mim, guardião das Escrituras — proferiu Ário, fazendo uma grande reverência a Tito, que sentiu as vibrações do ancião.

Em silêncio, Tito anuiu. Sentia a grande urgência do velho sábio. Ário indicou aos companheiros para tomarem novamente as ruas. Valério tomou o braço de seu tio, que se deixou conduzir pelas estreitas ruas de Niceia. Valério reconheceu que avançavam para o palácio de Constantino, ainda que por outro caminho. A noite caía, e os líderes cristãos ainda se encontravam reunidos em assembleia.

— Salve, Fúlvio — disse Ário ao guarda de um pequeno portão lateral que dava para os estábulos do opulento palácio —, precisamos passar.

— Irmão Ário — balbuciou o homem atarracado, espantado —, não sei...

— Nós vamos passar — insistiu o velho, com incrível vigor. — Não fique em nossa frente.

Fúlvio praticamente pulou de lado para que Ário e seu pequeno grupo passassem. Chegando aos estábulos, uma mulher reconheceu o grupo de cristãos e fez uma profunda reverência ao ancião.

— Preciso vê-la — disse Ário com a voz firme, embora seu peito magro arfasse violentamente — imediatamente.

— Ela está recolhida — retrucou a aia.

— Não interessa! — volveu Ário, tomando a carreira novamente.

Três guardas viram a cena e correram em direção aos cristãos invasores. Pressentindo o perigo, Tito passou à frente do sobrinho e, manejando mortalmente seu cajado maciço, acertou a cabeça blindada do primeiro soldado que chegara.

— Alto! — gritou uma voz rouquenha de mulher idosa. — Parem com isso!

Ário sorriu. Fora salvo. Fazendo uma profunda reverência à nobre dama que surgira na sacada, o áspero sábio aguardou novo comando.

— Levante-se, irmão Ário — disse Helena, mãe de Constantino. — Você está longe do Concílio! O que se passa e como entrou no palácio?

— Nobre imperatriz — disse Ário, pondo-se o mais ereto que podia —, venho até seus pés para lhe implorar!

— Um homem como você implorar? — indagou a dama imperial.

Fazendo um delicado gesto, Helena fez com que os guardas trouxessem o grupo invasor até uma sala, para se inteirar dos acontecimentos. Chegando lá, Ário comentou com a mãe do imperador o que tinha se passado no Concílio. Helena já sabia da intervenção do filho, embora pressentisse que não daria bom resultado. A imperatriz ouviu atentamente as palavras do sábio, que muito respeitava, e fitou o rosto de cada um de seus companheiros.

— Que quer de mim, velho amigo? — indagou a imperatriz a Ário. — Posso lhe dar proteção contra seus desafetos.

— Não quero proteção para mim, bondosa imperatriz — disse o ancião, resoluto —, mas imploro para que ouça o relato deste humilde guardião cego.

Intrigada com a figura esquálida e pobre de Tito, a imperatriz aquiesceu. Há muito aprendera a confiar no discernimento de Ário, ainda que fosse um homem pitoresco, na opinião dela. Tito, então, abriu seu grande pacote e deu a Valério as escrituras. Enquanto seu sobrinho entregava à imperatriz as cartas que seu tio carregara por tantos anos, Tito contava a história de como as obteve. Atentos a tudo, os espíritos de Nestor e Varana, acompanhados por uma plêiade de amigos da espiritualidade superior, vibravam positivamente.

— Incrível — disse a idosa, olhando rapidamente as antigas escrituras. — Sinto nesses papiros uma estranha força que me sobe pelos braços e toma meu corpo. — E voltando-se para Tito, com recém-surgido respeito, indagou: — o que o senhor quer de mim, guardião?

— Eu imploro que a senhora tome guarda dessas cartas sagradas — respondeu Tito, com uma voz senhorial que espantou a ele próprio. — Meu trabalho era trazê-las até aqui. Esse tesouro da humanidade deve ser protegido para que um dia seja espalhado por toda a Terra. Fiz minha parte. Como meus antecessores fizeram a dele. Sonhei que um dia viria um homem, ainda não nascido, que organizaria todas as escrituras em um único volume. Esse volume, então, correria por todo o mundo, balsamizando os corações, mesmo que as linhas fossem deturpadas.

Nem mesmo Valério sabia daquele sonho que Tito anunciava. O artesão, na verdade, sonhara aquilo no dia em que recebera as escrituras, nas antigas ruas da Nicomedia, anos atrás. Aquela revelação fez com que os cristãos se ajoelhassem ao lado de Tito, e Helena sabia que Deus agia sobre aquele modesto grupo. Tomada por súbita emoção, a mãe do feroz Constantino depositou as escrituras no surrado embornal e permitiu que lágrimas surgissem em seu rosto profundamente marcado.

— Farei o melhor que puder, guardião das palavras do Senhor — disse a imperatriz. — Sua tarefa terminou.

CAPÍTULO 46

— Por que o senhor entregou as escrituras? — indagou Valério a Tito, enquanto o grupo regressava para o alojamento de Ário. — E por que nunca contou sobre esse sonho?

— A imperatriz é associada à proteção de diversos bens da cristandade — respondeu o artesão calmamente —, ela protegerá os documentos antigos. A verdade, que está escrita no papel, sobreviverá ao desgaste do tempo. Sinto isso! — Tito pôs sua mão ossuda sobre o ombro maciço do filho do coração. — Há muitos anos, eu, no meu sono, ouço uma doce voz de mulher. Essa voz me conforta e, não raro, me orienta. Uma pena não ter caráter o suficiente para obedecer aos conselhos dessa voz angelical.

— Essa voz lhe falou sobre esse grande livro com os ensinamentos do Mestre — murmurou Valério, com profundo respeito — e lhe pediu segredo.

— Sim — retrucou o outro. — Pediu. Não sei o que fazer de minha vida agora, sem a tarefa de proteger as cartas de Mateus e Paulo.

— Fará o que fazia antes — interveio Ário, com firmeza —, estudar os ensinamentos de Jesus e propagá-los. Sua vida é um exemplo para muitos.

— E quanto ao senhor — indagou Tito ao sábio —, retornará para o Concílio?

— Sim — respondeu Ário, menos convicto. — Sinto que, após as grandes deliberações, meus adversários olharão para mim sem muita fraternidade.

Assim foi feito. Ário, regressando à grande assembleia, ouviu as duras palavras de seus desafetos. Seus companheiros de ideal, porém, defenderam o mestre com galhardia. Porém, por influência direta de Constantino, Ário e alguns dos seus seguidores foram banidos para a Ilíria, com o argumento de que o subversivo ancião poderia contaminar a doutrina cristã, que fora unificada sob a égide imperial.

Altivo e em muda oração, o austero sábio aceitou o banimento e foi calmamente para seus alojamentos. Lá se encontrou com Valério e Tito, que ouviram as palavras amargas do próprio Ário.

— A imperatriz — disse o sábio — lhes deu bastante dinheiro para regressarem para a pátria de vocês. Voltem e sejam felizes. Um dia, espero regressar à minha própria terra e sem a pecha de ser infiel ao Cristo Jesus.

— Eu desejo acompanhá-lo — disse Tito —, se aceitar um cego em sua nobre companhia!

— Eu gostaria de segui-lo também — concordou Valério — mas sinto falta da minha família.

— Ah, Tito — sorriu o venerável ancião —, seus olhos são mais perspicazes do que a maioria dos filhos de Deus! Eu vou pobre para o exílio e minha idade não será boa companheira!

— Eu insisto — proferiu Tito ficando de joelhos.

Ário assentiu sobre a companhia de Tito. Valério abraçou o homem que o criara com severidade e muito amor. Ambos choraram largamente.

— Uma coisa me chega agora à minha cabeça tola — disse Tito —, meu sobrinho não pode viajar sozinho por metade do mundo!

— Meu pai amado — sorriu o professor —, jamais imaginaria ter a graça de ter um guardião tão dedicado e fiel! Mas estou grande agora, e minha força física impõe algum respeito. Tenho a certeza de que Jesus enviará alguns mensageiros para me protegerem, caso minha força e atenção me faltem! — o professor abraçou o grande amigo de sua vida. — Eu quero, do fundo do meu coração, que o senhor seja feliz! Se seu coração voluntarioso deseja ir para as terras da Ilíria, que seja! Que Deus, em Seu amor infinito, o abençoe sempre, meu pai!

Assim foi acertado. Emocionados, Tito e Valério se despediram. Ário, usando secretamente os documentos que Helena havia confiado a ele, conseguiu que o professor obtivesse proteção por onde quer que fosse, em seu longo retorno para a longínqua Gália.

Assim que as notícias do banimento de Ário tomaram a cidade de Niceia, Valério embarcava para o oeste. O velho sábio e seu pequeno número de seguidores — incluindo Tito — aceitaram a exposição pública e, dois dias depois da partida do professor para a Gália, o grupo partiu para o norte, onde residiria sob os duros olhares dos homens incumbidos de vigiá-los.

Após longa e difícil viagem, por fim, Valério, bem emagrecido, surgiu na estrada romana que levava a Lyon. Lucrécio estava na igreja lotada de carentes quando um menino, chamado Estevão, chegou anunciando que o preceptor havia regressado sozinho.

Com um misto de tristeza pela ausência de Tito, e júbilo, pelo retorno do sobrinho querido, o ferreiro correu ao encontro de Valério que, a essa altura, estava cercado pela família e pelos amigos.

CAPÍTULO 47

Os dias avançaram rapidamente. Meses originaram anos, e os anos tornaram-se inúmeros desde a despedida de Tito e Valério. Por muitos anos, o artesão viveu com Ário, cristão de muitas polêmicas. Quando o velho sábio recebeu o perdão imperial, Tito acompanhou o mestre em seu retorno para a Bitínia e estava ao seu lado quando Ário, com uma idade incrível, lançou seu último suspiro.

Tito, após a morte de Ário, permaneceu na igreja de Nicomedia, convertida em poderosa instituição. Desgostoso com tamanha pompa, retirou-se para os campos mais humildes, junto com alguns dos que seriam chamados pela história de cristãos "arianos".

Valério era um ancião venerável. Há muito, fizera as pazes com os cristãos de Dijon e outras regiões da Gália. Tinha vários netos e se deleitava com a presença barulhenta deles. O padre, como era chamado nessa época, havia visto muitas guerras e sempre recitava o Sermão da Montanha ou ainda as cartas de Paulo aos coríntios.

Certo dia, Valério e sua amada Márcia estavam em sua casa. Dois de seus filhos mais velhos, Tito e Paulo, os acompanhavam atentamente, enquanto o pai ensinava a dois meninos de família ilustre. Um dos membros da igreja de Lyon era um antigo soldado, que perdera o braço direito numa das intermináveis guerras e fora salvo do suicídio pelas palavras sábias de Valério.

— Pai Valério — disse Rubião —, chegou à cidade um grupo vindo do oriente. Dizem que um santo vem com eles! Um dos jovens do grupo perguntou pelo senhor.

Espantado, Valério deixou os pequenos pupilos com seus filhos e acompanhou o amigo. O velho preceptor estava intrigado. Nos últimos anos, saltavam santos cristãos por todos os cantos. O velho padre, fielmente arraigado aos ensinamentos agora quase secretos de Ário, não apreciava esses irmãos, por achar que eram uma manifestação pura de vaidade. Mas algo fazia o ancião ir ao encontro da estranha delegação oriental.

Perto da fonte, onde as mulheres recolhiam água, Valério parou sem acreditar em quem via em meio aos humildes orientais recém-chegados.

— Meu tio! — disse Valério, com suas barbas e cabelos grisalhos. — Meu pai do coração!

— Não acredite nessas histórias de que somos santos — disse Tito, com uma longa barba branca amarelada, e sua voz era fraca, embora carregada do velho sarcasmo. — Meu filho, finalmente, estou contigo.

Três homens ajudavam Tito, com o corpo encarquilhado pelos longos anos, a se levantar de sua padiola. Com esforço, o antigo guardião das escrituras abraçou o filho de seu irmão. Lágrimas estavam no rosto marcado dos dois. Valério percebeu que a respiração de Tito era oscilante e abraçou o ancião com todo o amor que tinha.

— Não podia deixar esse mundo — disse Tito, com esforço — sem me despedir de você.

— Tito, sempre áspero — disse o preceptor, que a essa altura era alcançado por Márcia — e tão cheio de amor!

213

Levaram, por fim, Tito à modesta residência de Valério. Pondo o tio em sua própria cama, o líder cristão mandou chamar todos os seus filhos e também os de Lucrécio. Um a um, os descendentes dos dois casais beijaram amorosamente a mão do filho de Marcelo. Abençoando cada um, Tito sentiu as vibrações salutares que lançavam em sua direção.

— Minha hora se aproxima — disse Tito, quando se viu apenas com Valério e Márcia. — Meu corpo já não suporta mais.

— Há tanto para o senhor nos ensinar — disse Valério, emocionado — e eu tenho tanto para contar.

— Teremos tempo, meu filho — retrucou Tito, com um sorriso desprovido de dentes —, na verdadeira pátria. Só queria lhe falar ainda neste mundo: aprendi, finalmente, a enxergar...

Dizendo aquilo a Valério, fez-se silêncio. Uma doce brisa surgiu e acariciou o rosto dos três idosos. Com um quase imperceptível suspiro, Tito desencarnou. Atravessara o mundo conhecido apenas para morrer junto a quem mais amava.

Em uma cova humilde, o corpo de Tito foi depositado, mas o espírito fiel do antigo guardião não mais se encontrava ali. Rute e Paulo, que acompanhavam os passos de Tito em suas viagens e reflexões, levavam em seus braços o recém-desencarnado, que jazia adormecido.

Levado novamente para o núcleo espiritual, dirigido por Nestor e Varana, Tito recebeu todo o cuidado de que necessitava. Era ainda muito endividado, embora, na velhice, houvesse aproveitado melhor a oportunidade de aprender os ensinamentos do Cristo.

Quando aconteceu o despertar de Tito, na erraticidade, seus olhos espirituais, pela primeira vez, em muito tempo, divisaram a luz e as formas daqueles que lhe dirigiam tanto amor. Nesse momento, então, reconheceu Paulo, Marcelo e Lúcia, além de encontrar o amor que acalentava em seu coração: Rute. Assim que suas forças retornaram, Tito se apresentou aos sábios Nestor e Varana, que beijaram as mãos do antigo artesão.

— Salve, Tito — disse Nestor, irradiando a luz de Deus —, você teve uma longa vida na Terra. Perdeu batalhas morais. Venceu batalhas morais. Como na vida anterior, teve a alma de soldado. Um guardião que escolheu melhor, graças às limitações necessárias. Foi protetor de Valério, conduzindo-o sempre ao bem. Em seguida, guardou fielmente os fragmentos da boa-nova, cuidando para que, no tempo certo, eles se espalhassem com poucas alterações. Mais recentemente, soube verdadeiramente ouvir, e, finalmente, aprendeu a enxergar com os olhos da alma. Venceu uma dolorida etapa! Graças a Deus!

— Me sinto tão pequeno, mestre — disse timidamente Tito, ajoelhado diante de tanta luz bendita emanada por Nestor —, não me sinto ainda um verdadeiro cristão!

— Mas será! — anunciou Nestor. — Novas oportunidades chegarão a você e a todos nós, que ainda estamos a caminho da Luz Maior! Ninguém ficará para trás! Um dia, todos seremos anjos do Senhor e contemplaremos a face do Pai, como Jesus assim o faz!

Diante das palavras encorajadoras do mentor, Tito sorriu. Em breve, iria voltar ao trabalho de autotransformação.

FIM

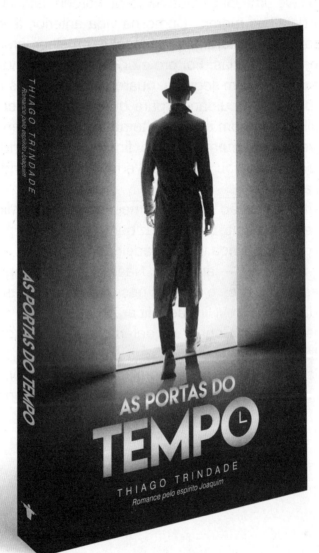

AS PORTAS DO TEMPO

O romance traz a história de dois espíritos que, movidos pela vaidade e ambição, brigaram por séculos em ambos os planos da vida. O conflito entre os irmãos teve início na Era das Navegações, mas, graças à sabedoria divina, eles receberam novas oportunidades para combater suas más inclinações através do tempo, descobrindo, por fim, que o amor cura as feridas e que os verdadeiros ensinamentos espirituais evitam novas dores.

Este e outros sucessos, você encontra nas livrarias e em nossa loja:

www.vidaeconsciencia.com.br/lojavirtual

GRANDES SUCESSOS DE
ZIBIA GASPARETTO

Com 18 milhões de títulos vendidos, a autora tem contribuído para o fortalecimento da literatura espiritualista no mercado editorial e para a popularização da espiritualidade. Conheça os sucessos da escritora.

Romances
pelo espírito Lucius

A verdade de cada um
A vida sabe o que faz
Ela confiou na vida
Entre o amor e a guerra
Esmeralda
Espinhos do tempo
Laços eternos
Nada é por acaso
Ninguém é de ninguém
O advogado de Deus
O amanhã a Deus pertence
O amor venceu
O encontro inesperado
O fio do destino
O poder da escolha
O matuto
O morro das ilusões
Onde está Teresa?
Pelas portas do coração
Quando a vida escolhe
Quando chega a hora
Quando é preciso voltar
Se abrindo pra vida
Sem medo de viver
Só o amor consegue
Somos todos inocentes
Tudo tem seu preço
Tudo valeu a pena
Um amor de verdade
Vencendo o passado

Crônicas

A hora é agora!
Bate-papo com o Além
Conversando Contigo!
Pare de sofrer
Pedaços do cotidiano
O mundo em que eu vivo
Voltas que a vida dá
Você sempre ganha!

Coletânea

Eu comigo!
Recados de Zibia Gasparetto
Reflexões diárias

Desenvolvimento pessoal

Em busca de respostas
Grandes frases
O poder da vida
Vá em frente!

Fatos e estudos

Eles continuam entre nós vol. 1
Eles continuam entre nós vol. 2

Sucessos
Editora Vida & Consciência

Amadeu Ribeiro

A herança
A visita da verdade
Juntos na eternidade
O amor não tem limites
O amor nunca diz adeus
O preço da conquista
Reencontros
Segredos que a vida oculta vol.1
A beleza e seus mistérios vol.2
Amores escondidos vol. 3

Ana Cristina Vargas
pelos espíritos Layla e José Antônio

A morte é uma farsa
Almas de aço
Código vermelho
Em busca de uma nova vida
Em tempos de liberdade
Encontrando a paz
Escravo da ilusão
Ídolos de barro
Intensa como o mar
Loucuras da alma
O bispo
O quarto crescente
Sinfonia da alma

Carlos Torres

A mão amiga
Passageiros da eternidade
Querido Joseph (pelos espírito Jon)
Uma razão para viver

Cristina Cimminiello

A voz do coração (pelo espírito Lauro)
As joias de Rovena (pelo espírito Amira)
O segredo do anjo de pedra (pelo espírito Amadeu)

Eduardo França
A escolha
A força do perdão
Do fundo do coração
Enfim, a felicidade
Vestindo a verdade
Vidas entrelaçadas

Evaldo Ribeiro
Aprendendo a receber
O amor abre todas as portas (pelo espírito Maruna Martins)

Floriano Serra
A grande mudança
A outra face
Amar é para sempre
Ninguém tira o que é seu
Nunca é tarde
O mistério do reencontro
Quando menos se espera...

Gilvanize Balbino
De volta pra vida (pelo espírito Saul)
Horizonte das cotovias (pelo espírito Ferdinando)
O homem que viveu demais (pelo espírito Pedro)
O símbolo da vida (pelos espíritos Ferdinando e Bernard)
Salmos de redenção (pelo espírito Ferdinando)

Jeaney Calabria
Uma nova chance (pelo espírito Benedito)

Juliano Fagundes
Nos bastidores da alma (pelo espírito Célia)
O símbolo da felicidade (pelo espírito Aires)

Lucimara Gallicia
pelo espírito Moacyr

Ao encontro do destino
Sem medo do amanhã

Marcelo Cezar
pelo espírito Marco Aurélio

A última chance
A vida sempre vence
Coragem para viver
Ela só queria casar...
Medo de amar
Nada é como parece
Nunca estamos sós
O amor é para os fortes
O preço da paz
O próximo passo
O que importa é o amor
Para sempre comigo
Só Deus sabe
Treze almas
Tudo tem um porquê
Um sopro de ternura
Você faz o amanhã

Márcio Fiorillo
pelo espírito Madalena

Lições do coração
Nas esquinas da vida

Maura de Albanesi
pelo espírito Joseph

O guardião do Sétimo Portal
Coleção Tô a fim

Maurício de Castro

Caminhos cruzados (pelo espírito Hermes)

Meire Campezzi Marques
pelo espírito Thomas

A felicidade é uma escolha
Cada um é o que é
Na vida ninguém perde
Uma promessa além da vida

Mônica de Castro
pelo espírito Leonel

A força do destino
A atriz
Apesar de tudo...
Até que a vida os separe
Com o amor não se brinca
De bem com a vida
De frente com a verdade
De todo o meu ser
Desejo – Até onde ele pode te levar? (pelos espíritos Daniela e Leonel)
Gêmeas
Giselle – A amante do inquisidor
Greta
Impulsos do coração
Jurema das matas
Lembranças que o vento traz
O preço de ser diferente
Segredos da alma
Sentindo na própria pele
Só por amor
Uma história de ontem
Virando o jogo

Rose Elizabeth Mello

Como esquecer
Desafiando o destino
Livres para recomeçar
Os amores de uma vida
Verdadeiros Laços

Sérgio Chimatti
pelo espírito Anele

Lado a lado
Os protegidos
Um amor de quatro patas

Thiago Trindade

As portas do tempo (pelo espírito Joaquim)

Conheça mais sobre espiritualidade com outros sucessos.

 vidaeconsciencia.com.br   /vidaeconsciencia    @vidaeconsciencia

Rua Agostinho Gomes, 2.312 — SP
55 11 3577-3200

contato@vidaeconsciencia.com.br
www.vidaeconsciencia.com.br